미란 무엇인가

미와 순간에 대한 단상

미와 순간에 대한 단상

미란 무엇인가

카를 브루너 지음

라영균 옮김

Was ist Schönheit

HUEBOOKs

* 이 책은 한국외국어대학교 2020년 교내 연구비 지원을 받아 출판된 것임.

역자 서문

'아름다움이란 무엇인가?' 이것은 인류가 제기해 온 가장 오래된 질문 중 하나이다. 아름답고 싶은 욕망과 아름다운 것을 쟁취하려는 노력은 오랜 기간 우리의 의식과 언어 속에 다양한 방식으로 퇴적되어 문화적 소통의 한 부분이 되었다. 그런 만큼 미는 단순한 이론적 해명으로 끝나지 않는 문화적, 사회적 의미를 지닌 실존적 범주이다. 아름다움은 '행복을 약속'하지만 누구나 다 그것을 소유할 수 없다. 또한 모든 사람이 미에 대해 말하지만, 어느 누구도 미가 무엇인지 명료하게 정의 내리지 못한다. 그러므로 아름다운 것은 우리에게 막연한 동경과 욕망의 대상으로 남아 있다.

미의 신비를 밝히기 위한 노력은 일찍이 미의 본질을 찾으려는 철학적 미학으로 발전했지만, 다른 한편에서는 미의 문화적, 사회적 관계에 더 관심을 기울였다. 즉 미라는 기호 체계가 역사적으로 어떻게 변하고, 문화의 틀 안에서 어떻게 작동하는지를 연구하는 것이다. 카를 브루너의 『미란 무엇인가?』도

이 계열에 속한다. 저자는 이 책에서 학창 시절부터 관심을 가졌던 미학의 문제를 다시 고찰하고 있다. 하지만 그는 전적으로 역사가의 시각에서 이 문제를 다룬다. 저자의 역사적인 관점은 객관적 인식보다 개별적이고 우연적인 것을 더 중시한다. 그래서 그는 우리가 문화 속에서 아름답다고 느끼는 것을 관찰하고, 사람들이 그것으로 무엇을 만들어내는지 탐문한다. 이런 점에서 부제 '미와 순간에 대한 단상'은 역사학자의 즉흥적 시선을 부각시키는 것 같다.

처음부터 미의 존재론은 그의 관심사가 아니다. 미는 사람들의 소통 과정에서 생긴 것이지 그 자체로서 존재하지 않는다. 즉 아름다움은 시간과 공간에 따라 다르게 규정되며, 다른 것과의 관계 속에서 설명되는 상대적 개념이다. 그러므로 문화적으로 각인된 미의 개념에 보편성을 적용하는 것은 타당하지 않으며, 미학의 보편적 기준을 찾는 것 역시 마찬가지이다.

진, 선, 미는 오랜 기간 불가분의 관계에 있었다. 하지만 근대 이후 미는 진리와 도덕에서 분리되어 독립적인 영역이 되었다. 그 결과 '이해'가 개입되지 않은 미의 자율성은 모더니즘 예술의 중요한 계기가 되었지만, 근본적으로 아름다운 것은 항상 이해, 목적, 욕망, 필요, 권력, 경제 등과 불가피하게 연결되어 있다. 작가는 일상 속의 미가 얼마나 이해와 결부되어 있는지 여러 예시를 통해 보여주고 있다. 그리고 우리가 일상에서 만나는 아름다움은 사회적 필요와 요구에 따라 사람들이 서로 소통하며 만들어낸 문화적 산물이란 점을 강조하고 있다.

일반 학술서와 달리 이 책은 에세이 성격이 강하다. 직접 연관 관계가 없어 보이는 주제와 이미지들이 병렬식으로 나열되고, 진술의 응집력도 다소 떨어지기 때문에 의미의 여백과 빈 공간이 비교적 많은 편이다. 이 때문에 이해의 집중도가 다소 떨어지긴 하지만, 다른 면에서 보면 기존의 미학 담론에서는 허용되지 않던 새로운 시각과 관점이 가능해질 수 있다. 본문에 인용된 비트겐슈타인의 요구처럼 소기의 목표에 도달하면 우리는 그간 사용했던 사다리를 폐기해야 한다. 그래야만 자기의 눈으로 보고 자기만의 사유 체계를 구축할 수 있다. 일반 미학서와 다른 이 책이 아무쪼록 독자들에게 미에 대한 새로운 경험과 인식의 계기가 되길 바란다.

차례

* 본문의 각주는 모두 역주이며, 원주는 미주로 수록하였다.

섬광

어렸을 때 나는 세상에는 두 종류의 사과가 있다고 믿었다. 하나는 할아버지와 함께 나무에서 따거나 바닥에서 주웠던 사과이고, 다른 하나는 가게에서 파는 사과이다. 첫 번째 사과는 겨우내 사과 향이 가득한 창고에 보관되어 있었고, 새가 쪼아 먹어서인지 흉터가 많았다. 어떤 것은 벌레가 먹어서 버려야 했지만, 그런대로 괜찮은 사과는 맛있게 먹을 수 있었다. 가게에서 파는 사과는 멀리서 보면 흠이 없어서 근사하게 보였다. 나는 '개량 품종'이라는 말은 들었지만 그것이 무슨 뜻인지 잘 몰랐다. 어쨌든 그것은 우리집 사과와는 달랐고, 내 귀에는 "진짜가 아니다"라는 말로 들렸다. 나는 이 사과가 정말 나무에서 자란 사과라고 믿은 적이 한 번도 없다. 물론 어떤 맛인지도 몰랐다.

그림 1 19세기 중반 특별한 품종이라고 광고했던 밀랍 사과(Wachapfel)

오늘날 대형 마트에서는 '정상으로 보이지 않는' 사과와 채소를 '특별한 제품'이라고 판매한다. 그 이름이 조금 특이하긴 하지만 기쁜 일이다. 이 제품들은 이제 판매할 수 없는 상품으로 분류되어 폐기될 필요가 없다. 왜냐하면 맛도 있고 '진짜'이기 때문이다. 이런 것이 내 유년기의 기억을 소환한다. 당근은 다시 구부러져도 되고 사과는 그때처럼 못생겨도 상관이 없다. 사람들이 뭐라고 부르든 이것들은 '아름답게' 보이지 않는다. 그런 점에서 나와 뭔가 공통점이 있다. (그림 1)

원죄의 장소, 에덴동산에 있던 과일은 사과가 아니다. (창세기 3, 1-6) 성서 해석자들은 그것이 레몬류의 과일이었다고 추측한다. 오늘날 우리는 토라(Thora)* 두루마리가 감겨 있는 막대기 끝의 장식에서 그것을 볼 수 있다. 성경에서는 그냥 일반적으로 과일이라고 말한다. 서양에서는 '그' 과일이 바로 사과였다. 오래된 텍스트에 따르면 그 나무는 세 가지 기쁨을 준다. 꽃은 눈을 즐겁게 하고, 과일은 혀를, 그리고 향기는 코를 즐겁게 한다. 미는 꼭 보는 것하고만 연관된 것이 아니다. (그림 2)

사과라는 명칭은 '콘(Korn)'과 비슷하다. 콘이라고 하면, 영국에서는 밀을 의미하고, 아일랜드에서는 귀리를, 미국에서는 옥수수를, 다뉴브강 유역과 그 북쪽에서는 호밀을 의미했다. 지역마다 모두 중요한 곡물들이다. 미도 이와 공통점이 있다.

* 히브리어 구약 성서의 첫 다섯 편, 모세오경

사람들은 자기가 사는 좁은 환경에서 미가 무엇을 의미하는지 알고 있다. 혹은 안다고 믿는다. 하지만 아름다운 것이 어디서나 늘 같은 것은 아니다.

중세 초기의 사과는 근동 지방의 품종과 교배되어 오랫동안 보호되어 온 개량종이다. 카를 대제(샤를마뉴)의 정원에 있던 사과나무는 명칭이 각각 달랐는데, 그중 하나는 왕비의 이름을 따서 '게롤딩가(Geroldinga)'라고 불렀다. 사람들은 그것을 자랑스럽게 여겼다. 최근에 다시 인기를 끌고 있고, 보호종으로 지정된 '오래된 품종들'도 언젠가 한 번은 인위적으로 개량된 것

그림 2 베크만 Max Beckmann (1884-1950)은 표현주의를 거부했지만, 1937년 제작된 이 그림은 표현주의적인 요소가 다분하다.

들이다. 내 유년 시절의 '진짜' 사과도 이미 '개량된' 것이다.

사춘기가 되면서 나는 두 부류의 여자를 알게 되었다. 하나는 그림 속에 묘사된 여자이고, 다른 하나는 일상에서 볼 수 있는 여자이다. 그때는 풍속이 엄격해서 나는 실제 여성에 대해서 아는 것이 거의 없었다. 여성의 나신이 어떤 모습일지 알고 싶을 때면 예술 작품의 도움을 받았다. 표현주의 그림이나 사회비판적인 그림은 아름다움보다는 추한 것을 묘사했지만 성적인 자극을 주기에 부족하지 않았다. 알몸을 조금 드러낸 매춘부는 나에게 매우 이국적인 존재였다. 당시에 나는 속임수 하나를 생각해냈다. 어머니는 그것에 대해 뭐라고 하시지 않았고, 그럴 마음도 없으셨다. 그것은 바로 아름다운 여성이 그려진 예술 작품의 복사본이다. 나는 그것을 벽에 붙여 놓았다. (그림 2)

거기에 묘사된 것은 당연히 일반 여성과는 달랐다. 화보나 포스터에 나오는 아름다운 여성과도 거리가 멀었다. 나는 여동생에게 그 그림을 어떻게 생각하는지 물어본 적이 없다. 아마도 별다른 반응을 보이지 않았을 것이다. 그것은 그냥 '예술' 작품이었다.

파사우 대성당 앞에 앉아 성당 추녀의 돌림띠를 쳐다보면 일렬로 서 있는 여자들의 가슴을 볼 수 있다. 나는 그것이 무엇을 뜻하는지 잘 몰랐다. 천사치고는 가슴이 조금 풍만한 편이었다. 이 바이에른의 천사는 어쩌면 지루한 순례자들에게 색다른 경건함을 선사했을지 모른다. 이와 유사한 조각품을 보고 어떤 여자가 했던 말이 생각난다. 저런 것이 젊은 남자애들을 타락시킨다고 그녀는 불만을 토해냈다. 도덕적인 이유에서가 아니다. 보통 여자들은 저런 모양의 가슴을 가질 수 없기 때문에 자기 여자 친구의 가슴을 본 남자들은 실망할 수밖에 없다는 것이다.

언젠가 한 번 나는 이디시어(jiddisch)*로 된 '나랑 있으면 넌 아름다워(Bay mir bistu scheyn)'를 들은 적이 있다. 이것은 1932년 공연된 뮤지컬에 나오는 이중창 곡으로, 나에게 용기를 준 노래이다. 나는 거울을 쳐다볼 때마다 내 모습이 '아름답지' 않다고 생각했다. 하지만 언젠가 있는 그대로의 나를 받아줄 여자 친구가 나타날 것이라고 소망했다. 나는 아름다운 사람을 보면 늘 감탄하지만, 누군가와 긍정적인 소통을 할 때 더 큰 감동을 느낀다. 관심을 받는 사람은 누구나 다 매력적이다. 하지만 정말 '아름다운' 것은, 견딜 수 없이 아름다운 것은 함께하는 체험이며 순간이다. 여기서는 그것에 대해 말할 기회가 없겠지만 설사 허락되더라도 말로 표현할 수 없을 것이다.

나는 풍경에 대해 그다지 많이 생각해보지 않았다. 사람들이 활동하는 환경과 나에게 '아름답게' 보이는 풍경만 있을 뿐이었다. 자연의 풍경은 대개 '휴가'와 '방학'과 같은 즐거운 감정과 연결되어 있다. 환경 문제를 본격적으로 연구하기 시작한

* 거의 천 년 동안 유태인들이 사용해 온 독일어로서 현재도 일부 지역에서 사용됨.

그림 3 세잔은 이 풍경 속에서 기하학적인 형식을 찾으려고 한 것 같다. 이 작품은 1869년에서 1871년 사이에 제작된 '끊어진 철도'(Bayrische Gemäldesammlung 소장)이다. 나를 감탄하게 하는 것은 부드러운 언덕의 곡선과 철로 변에 있는 기하학적 형태의 집이 서로 대조를 이루는 점이다. 고전적 모더니즘이 이 새로운 기법에 계속 주목한 점은 놀라운 일이다.

그림 4 '까마귀 나는 밀밭'(암스테르담, 반 고흐 박물관 소장)은 고흐가 사망한 1890년에 제작됐다. 이 그림을 감상하는 사람은 누구나 다 침울함을 느낀다. 그렇지만 이 작품은 '아름답다'. 심오한 감정의 표현을 형식적으로 구현한 점은 숨을 막히게 한다.

뒤에 비로소 나는 실제 풍경과 풍경화에 나타난 복잡한 문제를 알게 되었다. (그림 3, 4)

나는 대학 진학을 위해 고향 고지 오스트리아(Oberösterreich)*에서 수도인 빈으로 유학을 갔다. 그때 나는 자연 풍경에서 느끼는 감정의 중요한 토대가 무엇인지 알게 되었다. 당시만 해도 빈은 나에게 외국이나 다름없는 곳이었다. 모든 사람은 자기 안에 무의식적으로 고향의 풍경을 간직하고 있다. 예컨대 그 당시 나는 어디를 가야 그 유명한 빈 숲(Wiener Wald)을 볼 수 있는지 몰랐다. 왜냐하면 숲이라면 슈티프터(Adalbert Stifter)**의 『교목림(Hochwald)』에 나오는 침엽수림을 연상했기 때문이다. 시간이 흘러 이제 빈 근교의 활엽수림은 나에게 제2의 고향이 되었다. 먼 이국땅에서 온 사람들이, 심지어 자신의 뿌리를 강제로 빼앗긴 사람들이 이 숲을 본다면 어땠을까? 나는 이에 대해 누구와도 이야기를 나눈 적이 없다. 그런데 몇 년 전 슈티프터의 『압디아스(Abdias)』를 읽은 적이 있다. 이 작품에 등장하는 사막에서 온 늙은 유대인은 유럽의 근사한 샘을 보고 감탄을 금치 못한다. 그런데 그는 그곳에 사는 사람들이 이 샘을 거의 활용하지 않는 것에 대해 더욱 놀란다. 이 부분은 나에

* 오스트리아 중북부 주의 지명

** 오스트리아 사실주의 작가, 작품에는 고지 오스트리아와 보헤미아 지방의 풍경이 자주 묘사됨, 1805-1868

게 깊은 인상을 남겼다.

나는 예술 작품을 대할 때 의도적으로 아름다움보다는 작품이 전하는 '메시지'를 찾으려고 노력했다. 예술 작품을 소유하려고 한 적은 더욱이 없다. 내가 관심을 가졌던 작품은 복제화나 사진으로밖에 가질 수 없었다. 지금 내가 소장하고 있는 원작들은 거의 다 선물로 받은 것이며 다 나름의 역사를 갖고 있다. 나의 아버지는 시립 도서관에서 예술에 관한 책을 자주 대출해 오셨다. 나치 독재 이후 아버지는 다른 사람들처럼 모더니즘 예술에 대해 호기심을 많이 갖고 계셨다. 덕분에 처음에는 순진한 마음으로 시작했지만, 나중에는 비교적 방대한 양의 그림이 내 머릿속에 남게 되었다.

*

철학 공부를 시작했을 때 내 앞에는 세 가지 길이 놓여 있었다. 첫째는 책으로 공부하는 것이었다. 이 길은 아주 힘든 과정이었다. 두 번째는 강의를 통해 공부하는 것이었다. 나는 운이 좋았다. 왜냐하면 강의도 흥미로웠고 학생들과 소통을 잘하는 교수님을 알게 됐기 때문이다. 나의 개인적인 문제가 수백 년 전부터 제기되어 온 인간의 보편적인 질문과 연결되었다. 세 번째는 동료들과 몇 시간씩 혹은 밤새워 토론하는 것이었다. 이 토론은 나에게 매우 소중했다. 그래서 나는 철학과에서 박사

논문을 쓰려고 했으나 뚜렷한 주제를 찾지 못했다. 뭔가 미학에 관한 것을 쓰려 했는데 너무 추상적인 주제를 생각했던 것 같다. 이 주제와 관련해서 내가 읽은 학술 논문은 거의 빈 강정과 같았다. 훌륭한 문장을 쓰기 위해 우리는 직접 느끼는 감정을 완전히 배제해야 하는가? 우리는 미의 감정을 정말 설명할 수 있을까?

결국 나는 역사를 공부하게 됐다. 나는 정치에서 일상에 이르기까지 모든 분야에서 인간을 실제로 움직이는 것이 무엇인지 알고 싶었다. 50년이 지난 지금도 나는 잘한 선택이라고 생각한다. 그런데 젊은 시절에 좋아했던 미학으로 잠시 돌아가려고 한다. 나는 철학자가 아닌 역사가가 되었다. 따라서 나는 역사가의 시각에서 미학의 주제에 접근할 것이다. 나는 독자 여러분 모두가 자기 자신의 역사에 대해 관심을 갖고 그것을 곁에 두고 늘 자랑스럽게 여기길 바란다. 왜냐하면 그것은 다른 역사와 마찬가지로 아름답기 때문이다.

밝혀둘 것이 하나 있다. 내 관심은 '아름다운 것이 무엇인가?'가 아니라 사람들은 아름답게 느끼는 것과 어떻게 소통하는지에 있다. 철학은 전적으로 좋은 배움의 장이다. 학창시절부터 소중하게 간직해 온 격언이 하나 있다. "스스로 생각하는 것은 우리를 건강하게 만든다." 이를 위해 먼저 몇 가지 전통을 간략하게 살펴보자.

제1부

역사적 개관

지난 수백 년간의 미학 담론을 살펴보면 매우 흥미로우면서도 의미 있는 사실 하나를 발견할 수 있다. 그것은 이 미학 담론의 저자들이 (여성 작가들은 거의 없지만) '시대정신'과 전통을 중시했다는 점이다. 스스로를 개혁적이라고 여긴 시대도 항상 고대를 수용하면서 시작됐다. 하지만 사람들이 과거의 유산이라고 간주한 것은 종종 실제 역사와는 아무런 관계가 없다. 파우스트가 자기의 조교 바그너에게 말했듯이 그것은 그저 '현자들 자신의 정신'에 불과하다. 전통주의자들이 근원까지 거슬러 올라가는 경우는 거의 없다. 대개 그들은 자신의 편견을 과거 어딘가에 고정시킬 뿐이다. 반면 근본주의자들은 지하실에서 편히 안주하는 것을 좋아한다. 그들은 그 위에 세울 집에 대해서는 관심이 없다. 이런 악의에 찬 글을 쓰는 것도 가끔은 아름다울 수 있다.

고대와 중세의 문화적 근간

유럽의 문화는 두 개의 토대 위에 세워져 있다. 하나는 고대의 철학이고, 다른 하나는 기독교이다. 여기에서 비롯된 두 가지 전통은 서로 긴밀하게 엮여 있지만, 종종 반목하는 관계에 있다. 미학은 무엇보다 감각적 지각에 관한 지식, 즉 아이스테시스(αἴσθησις aísthesis)에서 유래된 개념이다. 당시의 의학은 오감(시각, 청각, 미각, 후각, 촉각)의 생리학적 작용에 대해 연구할 수 있는 수준이 아니었다. 오늘날 우리는 어쩌면 그것이 다행이라고 말할지 모른다. 왜냐하면 현대의 자연과학도 그때보다 더 많은 것을 밝혀내지 못하기 때문이다. 중요한 것은 특정 신호가 감각기관 어디에 도달하는지가 아니라, 문화의 틀 안에서 우리의 의식이 그것으로 무엇을 만드는가이다. 고대의 철학자들은 (유럽 역사에서 가장 영향력 있는 철학자는 물론 플라톤과 아리스토텔레스이다) 지각된 것이 우리의 생각 안에서 어떻게 처리되며, 사람들은 무엇을, 어떤 이유에서 편안하게 느끼며, 무엇이 사람들을 행복하게 만드는지 연구하였다. 사람들은 국가(πολιτεία, politeia)가 보편적 안녕을 보장해주길 기대했다. 이 관점에서 보면 미학은 처음부터 넓은 의미에서 정치적 요소와 연결되어 있었지만, 이후의 논의에서는 이 점이 자주 간과되었다.

그렇다면 사람들은 무엇이 아름다운 것(καλὸς καἰἀγαθός)이며 무엇이 좋은 것(kalós kai agathós)이라고 생각했을까? 그리스의 귀족과 시민사회는 뛰어난 육체와 정신을 이상적인 것으로 여겼다. 후에 주로 '덕'으로 번역된 아레테(ἀρετή, areté)의 원래 의미는 '유능함'과 '유용함'이었다. 그리스 도시국가들은 주변 국가나 식민지를 착취하여 부를 축적하였다. 이를 통해 그들은 철학을 할 수 있는 여유뿐 아니라 아름다운 삶도 누릴 수 있었다. 물론 이것은 노예와 여성의 희생을 대가로 얻은 것이다. 상류층의 안녕과 복지를 위해 이용될 수 있는 것은 모두 아름답고 좋은 것이었다.

르네상스 이후 유럽의 기득권이 열광했던 아름다운 조각상은 그리스 고전주의의 산물이 아니라, BC 4세기 알렉산더 대제 때부터 BC 30년 로마가 이집트의 마지막 헬레니즘 왕국을 멸망시킬 때까지 번성했던 헬레니즘 시대의 산물이다. 알렉산더 왕국의 뒤를 이은 여러 국가의 지배자들은 스스로를 디아도헤(Diadoche)라고 불렀으며, 자신들을 표현하기 위해 오리엔트 문화를 적극적으로 수용했다. 사람들이 이것을 고대의 미학이라고 생각했던 것은 다소 권위적이며 사회적으로 매우 분화된 권력의 산물로서, 르네상스와 그 이후의 군주국가, 19세기

그림 5 기원전 1세기에 제작된 '메디치가의 비너스상'은 피렌체 우피치 박물관에 있다. 이것은 기원전 3세기 그리스 조각품의 모상이다. 17세기 이후 여성미의 모범으로 유명해진 이 조각상은 수없이 모방되었고, 19세기까지 중요한 장소에 세워졌다.

의 과두적인 시민문화 그리고 20세기 독재체제의 정치적, 문화적 표상과 매우 일치한다. 이것은 다름 아닌 권력의 미학이다.

고대 유대인 문화도 당시 지중해 문화의 영향을 많이 받았다. 알렉산드리아 유태인 공동체는 70인의 학자에게 성경을 그리스어로 번역하게 했다. 왜냐하면 그들이 일상에서 사용한 언어는 그리스어였기 때문이다. 유대인들은 알렉산더 대왕이 70인의 번역자들을 알렉산드리아로 초치했다고 믿었다. 이 그리스어 성경은 70이란 숫자 때문에 셉투아긴타(septuaginta)라고 불렀다. 그리스어 번역본의 창세기를 보면 "하느님은 그것을 아름답게 생각하셨다"라고 쓰여 있다. 반면 유럽 문화의 근간이 된 제롬(Hieronymus)*의 라틴어 불가타 성경은 미보다 선의 개념을 더 강조했기 때문에 "하느님은 그것을 좋게(bonum) 생각하셨다"라고 번역하였다.

제롬과 동시대인이었던 아우구스티누스(Augustinus von Hippo)**는 『신국』[1]에서 70인이 번역한 그리스 성경을 비판하였다. 아름다움의 재능은 선한 사람이건 악한 사람이건 누구나 다 가질 수 있지만, 기독교 문화가 중시한 것은 무엇보다 도덕적 자질이기 때문이다. '아름답다'와 '좋다'가 여전히 가까운 사이라는 것을 우리는 일상 독일어에서 확인할 수 있다. 독일에서는 와인이 '아름답나(schön)'고 하지만, 오스트리아에서는 와인이 '좋다(gut)'고 한다. 오스트리아의 와인 애호가들은 '좋다'는 표현이 더 정확하다고 주장한다. 언젠가 어떤 여자분이 '아름다운' 것은 서빙하는 여성이지 와인이 아니라고 귀띔해준 말이 생각난다.

로마인들이 받아들인 그리스 문화는 그리스 고전주의가 아니라 헬레니즘에서 꽃피운 마지막 그리스 문화이다. 로마의

* 고대 교회의 학자이며 신학자, 기독교 종파에 관계없이 성인과 교부로 추앙, 347-420

** 초대 기독교의 위대한 철학자, 사상가, 초대 교회의 교부, 354-430

상류층은 그리스어를 사용했고 그리스 철학을 공부했다. 이렇게 시작하여 황제 시대에 와서는 오늘날까지 그 전통이 남아 있는 고전주의 이론과 제국 정치가 결합되었다. 근대까지 막강한 영향력을 행사했던 비트루비우스(Lucius Vitruvius Credo)* 는 그의 '건축 10서'를 아우구스투스 황제에게 헌정했다. 레오나르도 다빈치의 유명한 (남성) 신체의 비례 연구는 (1492) 비트루비우스를 모방한 것이며, 그로부터 영향을 받은 뒤러도 1504년과 1506년에 여성의 신체에 대한 비례 연구를 발표하였다.

대칭 개념은 미에 관한 고대의 논의에서 아주 중요한 역할을 했다. 그런데 현대에 와서는 이 개념이 너무 좁은 의미로 이해되고 있다. 오늘날 우리는 대칭을 대부분 좌우동형의 의미로만 알고 있지만, 고대나 중세에는 그보다 훨씬 복잡한 의미에서 조화로운 비례를 뜻했다. 이것은 성경의 의미와도 일치한다. 지혜서(11, 20)에는 "주여, 당신은 비례, 수, 무게에 맞게 모든 것에 질서를 부여하셨습니다."라는 구절이 있다. 이 근본 원칙에 따라 고딕 성당도 대칭형으로 지어졌다. 사람들은 모듈을 가지고 고딕 성당을 지었다. 모듈은 건축가나 수공업자가 사용한 자(尺)로서 매우 중요한 도구였다. 고딕은 르네상스의 예술

* BC 1세기 로마의 건축가

이론가이자 고대 미학의 숭배자였던 바사리(Giorgio Vasari)*가 고안한 개념으로, 부정적인 의미(gotico, '이질적인', '야만적인')를 내포하고 있다.

조화의 개념도 이처럼 세분화해서 살펴볼 필요가 있다. '조화'의 개념을 일상에서 자주 사용하는 화음이나 균형과 혼동하게 되면 우리는 예술 작품의 진가를 간과하게 된다. 하모니는 일치의 여신이며, 아프로디테의 딸인 그녀는 부부의 수호신이기도 하다. 하지만 그녀는 아프로디테와 아레스의 불륜 관계에서 태어났기 때문에 그리스 신화에 나오는 수많은 스캔들의 주인공이 되었다. 지상에서 평온을 찾지 못하는 하모니를 불쌍히 여긴 제우스는 그녀를 축복받은 사람들의 섬인 엘리시온으로 보낸다. 우리가 하모니를 그냥 '일치된 관계'라고 번역하면 앞에서 언급한 대칭과 비슷한 개념이 된다. 불완전한 우리의 삶 속에서 완벽한 조화를 이루는 것은 불가능한 일이다. 우리의 능력으로는 이 경지에 도달할 수 없다. 이 학술 시리즈의 저자 중 한 사람인 음악평론가 마이어(Johannes Leopold Mayer) 씨의 예시가 이를 잘 설명해 준다. 부르크너(Anton Bruckner)**의 미사 2번 마장조는 그 구성이 아주 정교하지만, 천국을 뜻하는 'coeli'라는 단어와 묘하게 불협화음을 이룬다. 이는 천국은 파

* 르네상스 시대의 화가, 건축가이며 최초의 예술사가 중 한 사람, 1511-1574

** 오스트리아의 작곡가, 1824-1896

악할 수 없는 것이며, 지상의 조화와 연결될 수 없다는 의미이다. 이에 대해서는 뒤에 다시 언급할 것이다.

다시 역사로 돌아가서 초기 로마 교회의 대표자들은 중산층에 속했다. 그들은 개인 저택이나 혹은 법정과 시장을 뜻했던 '바실리카(basilica)'에서 집회를 가졌다. 그들은 섬세한 파피루스 대신 보존이 쉬운 양피지를 장부로 사용했다. 특별하게 가공된 이것은 대개 양가죽으로 만들었다. 독일어에 참을 수 없다는 뜻의 "Das geht auf keine Kuhhaut"라는 아이러니한 표현이 있는데, 소가죽은 글씨를 쓰기에 너무 거칠다는 의미이다. 기독교 문화의 중요한 문서들은 점차 가죽 두루마리가 아닌 코덱스에 기록되었다. 'codecies'(코덱스)는 글을 쓰기 위해 왁스를 칠해 만든 나무판을 가리켰지만, 나중에는 나무 덮개가 있는 양피지 서책을 지칭했다.

기독교인들은 성경과 그것을 이해하는 데 도움이 되는 모든 것에 관심을 기울였다. 파피루스는 장기간 보존이 어려웠기 때문에 고대 문화의 상당수는 전승 과정에서 소실되었다. 지금도 아날로그 매체에서 디지털 매체로 전환할 때, 특히 영화와 TV 분야에서 이와 비슷한 일이 많이 발생한다. 분량이 너무 많을 뿐 아니라 디지털로 전환하는 데 비용이 너무 많이 들기 때문에, 모든 아날로그 자료의 디지털 전환은 불가능하다. 과도기에는 늘 중요하다고 생각되는 정보만 선별, 보존되기 마련이다. 이것은 우리가 역사에서 자주 경험하는 현상이다.

파피루스 두루마리는 가로로 읽었다. 그래서 텍스트와 텍스트 그리고 경우에 따라 그림과 그림은 병렬로 배치되어 있다. 여러 장면이 연속되면 일종의 만화가 된다. 그림의 양식은 폼페이의 벽화나 모자이크에서 볼 수 있는 이상화된 리얼리즘이다. 그러나 양피지 책이 등장하면서 그림의 성격이 급격하게 변하였다. 그림은 정적으로 변하고 내재된 의미를 갖게 되었다. 당시 사람들에게는 이것도 사실적이었다. 왜냐하면 외부의 현실보다 내적인 가치가 더 중요했기 때문이다. 성인을 크게, 세속의 영웅을 왜소하게 묘사하는 것은 당연한 일이었다. 권력과 지배의 상징으로 양식화된 사자는 마치 '살아 움직이는 것' 같았다. 성인화의 금색 배경은 피안의 세계를 아주 '사실적으로' 가리킨다.

의미의 원근법이 시각적인 원근법으로 대체되었을 때 많은 사람들은 혼란스러워했다. 남부 티롤 지방 출신의 화가이자 조각가인 파허(Michael Pacher)*는 성 볼프강 성당의 제단화에서 이 두 가지 원칙을 하나로 통합하였다. 그는 예수 탄생화[2]에서 마구간의 동물과 베들레헴 도시를 원근법에 따라 묘사하였다. 그는 여기에 등장시킨 목동들과 어울리게 (구성적인 관점에서 볼 때 특별한 계기가 없는데도) 전원 풍경을 그림의 중앙에 배치하였다. 그리고 무릎을 꿇고 있는 성모님을 황소와 당나귀보다 크

* 오스트리아 후기 고딕 화가, 목판화가, 1435-1498

게 묘사했는데, 이는 성모님이 단지 앞에 있기 때문이 아니다.

중세 시대에 자연은 감각적 지각의 대상이 아니라 그 이면에 존재하는 창조의 이념(플라톤식의 이데아)으로 존재했다. 왜냐하면 지각은 유한한 존재인 인간의 결함이며, 악에 의해 혼미해질 수 있기 때문이다. 예술은 아리스토텔레스에 따르면 우연히 본 것이 아니라 이념이 내재된 자연을 '모방'하는 것이다. 이것은 이콘(icon)이 성인의 '진정한' 얼굴을 나타내는 것과 같다.

중세의 프레스코 벽화에는 고대의 연속되는 그림(Bilderfolge)처럼 서사가 담겨 있다. 글을 읽을 줄 모르는 사람들에게 그것은 설교였고, 설교자에게는 설명을 도와주는 보조교재였다. 난해한 이 도상 언어가 우리에게 낯설게 느껴지는 것은 당시의 세계상뿐 아니라 조명과도 관계가 있다. 오늘날 우리는 조명이 설치된 교회와 성의 실내공간을 체험하며, 박물관에서는 스포트라이트를 받는 그림을 감상한다. 그러나 과거에는 채색된 창을 통해 들어오는 빛이 가장 밝은 조명이었다. 가장 중요한 조명 수단은 일부분만 밝히는 촛불이었다. 천정화 아래를 촛불을 들고 지나가면 실내공간은 일종의 영화관이 된다. 예배 의식에 따라 정해진 숫자의 촛불이 켜지면 말 그대로 '장면이 연출'된다. 날개가 달린 제단화는 때에 따라 접기도 하고 펴기도 했다. 이것은 설교자와 신자들에게 다양한 자극과 인상을 제공했다. 미적 체험은 결코 개별적으로 이루어지지 않는다. 항상 수용자와의 유의미한 연관 관계 속에서 일어난다.

성모 마리아의 모습은 당연히 늘 아름답다. 라파엘이 그린 유명한 시스티나의 성모 마리아(1512/13)는 현재 드레스덴 국립 예술 박물관 '대가의 회화' 갤러리에 단독으로 전시되어 있다. 이 그림은 원래 제단화였다. 최근 빈의 예술사가인 슈바르츠(Michael Viktor Schwarz)가 확인한 바에 의하면, 제대의 위치에서 보았을 때 성모님의 발아래에서 곁눈질을 하는 천사들은 전달 기능을 수행한다. 첫 번째 천사는 위를 쳐다보고 있다. 이 천사는 성모님과 예수님을, 혹은 바바라 성녀를 특별한 동기 없이 응시하고 있다. 성모님이 서 있는 구름 앞에는 제단이 있다. 의례에 따라 성체가 들어 있는 현시대(Monstranz)는 그 위에 놓여 있다. 바바라 성녀도 거기를 내려다보고 있다. 두 번째 천사는 다른 형상들처럼 십자가를 쳐다본다. 당시에는 제단과 회당의 경계 지점에 십자가가 세워져 있었지만 오늘날에는 이러한 구조를 찾아볼 수 없다. 율리우스 2세의 모습을 하고 있는 교황 식스투스 2세는 십자가를 가리킨다. 십자가의 앞쪽과 뒤쪽에 앉아 있는 신자들은 이렇게 여러 인물과 두 천사의 시선을 통해, 성모님과 아기 예수 그리고 십자가에 못 박혀 부활한 예수 사이의 구속사적인 의미와 제례의 연관 관계를 이해하게 된다. 제단화가 원래 있었던 상황을 고려하면 이들의 시선 방향은 지극히 논리적이며 누구나 이해할 수 있다. 흔한 일이겠지만 드레스덴 박물관의 관람객들 중에는 예배 의식을 전혀 모르는 사람이 있을 수 있다. 그런데 이들에게 이런 배경을 설명해 주는 사람은 아무도 없다.

연출되는 것 중에는 모든 신자들이 마음속으로 함께 생각하는 것이 있다. 그것이 바로 미사 통상문(Messbuch)이다. 미사의 핵심인 봉헌 의식을 주도하는 미사 전문은 "전능하신 하느님, 우리 주 예수 그리스도를 통하여...(Te igitur clementissime Pater per Jesum Christum filium tuum ... rogamus et petimus,)"라는 기도문으로 시작된다. 이 문장의 첫 글자인 알파벳 T는 십자가 모양을 예술적으로 형상화한 것이다. 이러한 모습의 미사 통상문은 제대에 놓인다. 과거에는 미사를 집전하는 사제만 그것을 볼 수 있었지만, 이제는 일반인도 진열장에 전시된 미사 통상문의 화려한 글자를 볼 수 있다. 그 안에 있는 텍스트는 미사 의식 전체에 절대적인 의미를 부여한다. 신앙인들은 이 텍스트가 무엇을 뜻하는지 다 알고 이해한다.

그림이 전시되고 박물관에 보관되면 그 성격은 알아볼 수 없게 훼손된다. 작품과 연관된 전설과 민담 그리고 원래의 기능적인 연관 관계를 일반인에게 설명하면, 신을 찬양하고 민중을 교화하기 위해 그린 작품들의 원래 내용이 회복된다. 2012년, 드레스덴에서 전시회가 열렸는데, 그 슬로건이 "이 세상에서 가장 아름다운 여인이 500살이 된다"였다. 사람들은 성모상이 단지 아름답기 때문에 무릎을 꿇는 것이 아니다.

중세의 이미지 매체에는 교회의 필사본 외에 다른 것들도 있다. 실제로 모든 성과 도시의 수많은 명문가에는 세속적인 내용의 그림과 양탄자가 벽에 걸려 있었다. 이 중 상당수는 소실되었다. 그 이유는 첫째, 이것들을 보관하던 성의 수명이 길지 않았고, 둘째, 그것들은 종교화처럼 보호 대상이 아니었기 때문이다. 1066년 노르만족의 영국 정복을 묘사한 바이외(Bayeux)의 태피스트리*가 대표적인 사례이다. 이외에 트리스탄과 이졸데를 주제로 한 태피스트리도 남아있다. 중세의 성이 어떤 모습이었는지 궁금한 사람은 '그림의 성(Bilderburg)'이라 불리는 볼차노의 룬켈슈타인(Runkelstein) 성을 보면 잘 알 수 있다. 14세기 볼차노 시민이었던 빈틀러 형제는 성벽을 이미 구식이 된 로마네스크 양식으로 새롭게 복원하였다. 중세 최고의 팝스타라면 단연코 나이트하르트 폰 로이엔탈(Neidhart von Reuental)**이라고 할 수 있다. 그의 노래는 수 세기 동안 불렸고, 노래 가사에 담긴 익살스러운 농부의 해학은 여러 천장화나 벽화에 다양한 모습으로 남아 있다. 빈의 투흐라우벤(Tuchlauben) 지역(1400년 이후)과 취리히 부르넨호프(Brunnenhof)의 유태인 가옥(1330년경)에도 그 흔적이 남아 있다.

* 프랑스 바이외 박물관에 소장된 직물 공예. 역사적 가치 때문에 유네스코 세계기록유산으로 등재됨.

** 13세기 활약한 중세 독일의 대표적인 시인

르네상스

13세기부터는 경건하고 교훈적인 전설과 중세 영웅들의 모험담 외에 아주 새로운 이야기가 회자되었다. 이탈리아의 도시들은 시민들의 원거리 무역에 힘입어 번성하였다. 상인들은 천국으로 가는 길 대신 후추가 자라는 곳을 찾아 나섰다. 이를 위해서는 세계를 측량하는 일이 필요했다. 사람들은 여전히 오래된 영웅담으로 저녁 시간을 보냈다. 이 이야기는 신화에서 소설로 바뀌었고, 나이 어린 독자를 고려하여 '섹스와 범죄' 같은 요소는 일부 삭제되었다. 성인에 관한 전설도 계속 전해졌지만 그 스토리는 새로운 배경 속에서 전개되었다. 우리는 지오토(Giotto di Bondone)*의 그림 (1320년경)에서 풍경이 어떻게 '발전하는지' 뚜렷하게 확인할 수 있다.

중세인들은 여러 면에서 고대를 지향했다. 하지만 르네상스에 와서는 그 수단과 방법이 바뀌었다. 주문생산을 했던 예

* 르네상스 미술의 단초를 마련한 이탈리아 피렌체 출신의 화가, 1267년경-1337

술가들은 지각할 수 있는 자연을 통해 창조의 이념을 작품 속에서 감각적으로 구현하려 했다. 또한 사람들은 현실의 자연도 자신들이 아름답다고 생각하는 것에 맞춰 형상화하기 시작했다. 단테의 동시대인이며 볼로냐의 의사, 법률가였던 드 크레센지(Petrus de Crescentiis)*는 고대의 교본을 참고하여 『농촌생활의 장점(Ruralia Commoda)』이라는 책을 집필했다. 이 책에는 뛰어난 영농법과 축산법 외에 자연을 미적으로 형상화하는 방법이 기술되어 있다. 이러한 생각은 농경의 효율성을 넘어 훗날 조성된 많은 공원의 계획서에 반영되었다. 예컨대 공원 중앙에는 비례에 맞게 예술적으로 지은 빌라가 위치한다. 빌라는 원래 '장원'을 뜻했다.

인간의 삶이 연출되면서 모든 것은 종합 예술이 (물론 여기에는 음악도 반드시 포함되었다) 되었는데, 결국 이는 원죄 없이 이루어진 창조의 모방이었다. 그것은 '선정(善政, Buon Governo)'**을 뜻했으며 시에나의 프브리코 궁 프레스코화(1337-1339), 트렌토의 부온콘실리오 성 (Castello de Buonconsiglio)에 부속된 '독수리탑(Torre Aquila)'의 프레스코화*** 그리고 베리 공작의 명에 따라 림부르(Limbourg) 형제가 1410년에서 1416년까지 제작한 '달

* 이탈리아의 자연과학자, 법률가, 1230-1320/21

** 혼란에서 질서를 세우는 과정으로 건국과 치국의 과정으로 이루어져 있음.

*** 여기에는 절기가 묘사되어 있음.

력(Tres Riches Heures)'에 잘 묘사되어 있다. 이런 형태의 풍경화는 바로크 시대까지 영향을 미쳤다. 즉 사람들은 신의 질서를 따르기 때문에 풍요가 보장된 풍경을 그렸다. 그런데 종종 이 풍경화의 테두리에는 '황무지'가 그려져 있다. 이것은 개간되기 전의 모습이거나 낯선 곳을 나타낸다. 많은 군주들은 신의 질서를 재건하는 대신 스스로 '신과 같은 존재가 되려고' (창세기 3, 5) 했다. 이런 일은 일련의 독재 정권하에서 일어났는데, 공교롭게도 이 독재자들이 위대한 예술 작품을 주문한 장본인이었다. 원죄에 관한 이야기는 신으로부터 벗어나 자유를 추구하는 인간의 해방 담론으로 해석될 수 있다. 그런 관점에서 보면 르네상스의 예술과 역사는 전적으로 자유를 위한 행보이다. 하지만 자율적인 모더니즘 예술이 르네상스에서 시작됐다고 말하는 계몽주의의 주장은 과장됐다.

계몽주의에 심취된 사람들은 유럽 문화의 중세적인 전통을 과소평가해왔다. 고딕 문화는 유럽의 여러 지역에서 16세기까지 번성하였다. 예컨대 우리는 과거의 모티브와 근대적 지각이 혼재된 사례를 1336년 4월 26일 페트라르카(Francesco Petrarca)의 유명한 몽방투(Mont Ventoux)* 등정에서 찾을 수 있다. 그는 산 정상에서 아우렐리우스의 『고백론』을 읽었다. "사람들은 정상의 모습에 감탄하기 위해 산에 오른다.[3] [...] 그리

* 프랑스 프로방스알프코트다쥐르 주의 최고봉, 1909m

고는 무아지경에 빠진다"라는 구절을 읽고 그는 깊은 명상에 잠겼다. 이 사실은 산 세폴끄로(Borgo San Sepolcro)가 디오니지(Francesco Dionigi)에게 보낸 편지를 통해 알려졌다. 디오니지는 아우구스티누스 수도원의 사제로서 페트라르카의 고해신부이며 그에게 『고백론』을 추천한 사람이다.[4] 이 사건이 '알프스 등반의 시발점'이 됐다면 그것은 스포츠가 아닌 '세계관'과 연관이 있다.

자연 탐구의 역사는 사람들이 생각하는 것보다 훨씬 오래전에 시작됐다. '자연을 책처럼 읽는 것'은 힐데가르트 폰 빙엔(Hildegard von Bingen)*이 오래전에 터득한 뛰어난 기술이다. 중세의 사상가들은 성경의 글귀보다는 오히려 자연을 신의 첫 번째 계시로 간주했다. 학식이 뛰어난 힐데가르트 폰 빙엔은 근대의 자연과학처럼 자연을 가치중립적으로 관찰했다. 오늘날 자연과학과 의학 분야의 전문가들에게 그녀의 책을 보여주고 그 의미를 말해주면 경탄과 경의를 감추지 못할 것이다.

* 독일 베네딕트회 수녀이며 2012년 성녀로 시성됨, 1098-1179

바로크

몇 해 전 나는 츠베틀(Zwettl) 수도원* 도서관의 중앙 서고에 보관된 필사본을 연구한 적이 있다. 수도원 천정의 프레스코화는 트로거(Paul Troger)**가 제작한 것이다. 한 시간마다 관람 안내가 있었는데, 나는 관람객들이 아름다운 예술 작품에 감탄하여 연신 내뱉는 탄성 소리를 들었다. 그때 한 여자가 작품을 가리키며 말했다. "사람들은 저것들이 무엇을 표현하는지 알고 있어요." 나는 내심 웃지 않을 수 없었다. 다른 상징은 차치하고 반나의 헤라클레스가 황제 카를 6세를 의미한다는 것을 아는 사람은 거의 없다. 합스부르크 왕가는 자신이 헤라클레스의 후예라고 선전했기 때문에 헤라클레스는 합스부르크가의 화려한 건축물에 자주 등장한다. 충성심 강한 고위 관료들이 제작 주

* 오스트리아 저지 오스트리아 주 츠베틀(Zwettl) 소재의 수도원, 에코의 '장미의 이름'의 배경이 된 곳

** 오스트리아의 대표적인 바로크 화가 1698-1762

문한 프레스코도 마찬가지이다. 이러한 '사실주의'는 뒤샹의 병거치대(1914)처럼 역사적인 배경지식이 없으면 쉽게 이해할 수 없다.

그림뿐 아니라 장식이 있는 건물에도 서사가 들어 있다. 당시 사람들은 그 내용을 이해했거나 혹은 누군가에게 들어서 알았다. 이 서사는 한편으로는 교회와 궁정에서 공연되는 '연극'의 배경이 되었고, 다른 한편으로는 통치자나 개혁가가 보이고 싶어하는 것을 공고히 하고 지속시키는 역할을 했다. 이들은 이런 식으로 자신을 표현하는 데 뛰어난 능력을 갖고 있었다. 그래서 화려한 건물을 짓는 데 재정 지원을 아끼지 않았다. 바인피어텔(Weinviertel)* 멜크 교구(Melker Pfarre) 두 곳(Ravelsbach, Weikendorf)에 세워진 바로크 교회는 이 지역 농민들에게 많은 혜택을 주었다. 이렇게 도나우강으로부터 바이에른 지방을 넘어 라인 지방까지 넓은 지역에는 통일된 예술 양식뿐 아니라 지속적인 삶의 정서가 형성되어 있다. 앞에서 언급한 츠베틀 수도원의 방문객이 프레스코화를 보고 '아름답다'고 감탄한 이유는 그가 바로 그러한 정서 속에서 성장했기 때문이다. 프로테스탄트 지역에서 온 관람객들은 너무 화려한 바로크 예술을 보면 거북해할 수 있다. 나도 유년 시절에는 바로크 양식의 '과장된 표현'에 대해 심한 거부감을 느낀 적이 있다.

* 오스트리아 저지 오스트리아 주의 북동 지역

역사주의

고대와 중세의 예술 작품은 오늘날 취향에 비추어 볼 때 현란하고 다채로웠다. 역사주의를 추종하는 사람들이 그 작품들의 원래 모습을 몰랐다면 비극일까 아니면 코미디일까? 이럴 때면 자주 소환되는 사람이 슈티프터이다. 슈티프터는 빙켈만(Johann J. Winkelmann)*이 주장한 '고귀한 단순함과 고요한 위대함'에 충실하기 위해 15세기 후반 제작된 케퍼마르크트(Kefermarkt)**의 채색된 접이식 제단을 제거했다. 그것은 슈티프터가 실제 삶이 아닌 작품 속에서 실현하고자 했던 고전적, 시민적 가치였다. 실제로 그는 자신의 이상과 달리 대식가이며 애주가였다.

문화재 전문가들은 복잡한 연구를 거쳐 로마네스크와 고

* 건축학과 예술사를 주창한 인물 중 한 사람으로서 독일 고전주의의 정신적 창시자, 1717-1768

** 오스트리아 고지 오스트리아 주의 행정 구역

딕 양식의 채색된 건축물들을 컴퓨터로 재현하였다. 이 시뮬레이션을 직접 경험한 사람들은 감탄을 금치 못했고, 일부는 경악하였다. '순수주의자들(Puristen)'*은 신고딕 교회가 도색됐다는 말을 믿으려 하지 않았지만 거의 사실로 밝혀졌다. 모든 사람들이 감탄하는 쾰른 대성당은 1794년 프랑스 혁명군에 의해 훼손됐지만 1842년부터 '완공'을 목표로 다시 증축되었다. 대규모 성당의 건축은 사실상 '종결'되지 않는다. 이러한 건물의 건축은 미의 변화와 함께 여러 세대에 걸쳐 진행된다. 도색된 성당을 상상한 사람은 당연히 아무도 없었다.

나는 예술 작품을 늘 즉흥적인 시선으로 바라본다. 이것은 역사학자로서 의도된 부분이다. 이 점에 대해 오해가 없기 바란다. 하지만 미학에 대해 깊이 생각하는 사람은 단지 거기에 머물러서는 안 된다. 순간적인 감탄이 가치 있는 대화의 시작이 될 수 있지만, 예술 작품의 메시지는 무엇보다 문맥 속에서 전개된다.

* 순수주의(Purismus)는 이질적이고 원하지 않는 영향을 배격하며, 언어학, 건축학, 예술사 등에서 사용되는 개념

모더니즘

1800년경에 시작된 모더니즘은 귀족의 억압에서 벗어난 시민 계층의 해방과 밀접한 관계가 있다. 악의적으로 말하자면 권력에서 상업으로 변한 것이다. 20세기에 일어난 여러 비극적인 사건은 예술에도 깊은 상흔을 남겼다. 예술가들은 '고전적인 미'를 더 이상 받아들이지 않았다. 왜냐하면 독재자들이 그것을 악용했기 때문이다.

'피카소의 게르니카(1937)가 아름다운가?' 고전적 모더니즘에 속하는 위대한 그림에 대해서는 이 질문을 제기하지 않는다. 하지만 다른 그림의 경우 미는 예술가의 여러 표현 수단 중 하나에 불과하다. 한때 심한 분노를 자아냈던 '여러 이즘들(-ismen)'에 우리가 익숙해진 것일까?

튀프케(Werner Tübke)*는 1967년에서 1987년까지 바르바

* 동독의 화가, 1929-2004

로사(Barbarosa)* 동상이 있는 바드 프랑켄하우젠의 키프호이저 산자락에 농민전쟁 파노라마(Bauernkriegspanorama)를 제작했다.** 그런데 무엇이 이 건물을 키치하게 만드는 것일까? 전설에 따르면 이 산속에 잠들어 있는 바르바로사 황제가 언젠가 다시 돌아온다고 한다. 이 전설은 19세기 독일 민족국가 형성에 선전 도구로 사용되었다. 바르바로사 동상은 1890년에서 1896년 사이에 빌헬름 1세***를 기리기 위해 건립되었고, 뒤에 히틀러의 지시에 따라 완전히 다른 모습으로 바뀌었다. 농민전쟁의 그림이 동독의 역사상과 서로 다르다고 하지만 내 눈에 들어온 것은 이 둘의 공통점뿐이었다. 그것은 16세기 농민전쟁을 '노동자와 농민 국가'의 전사(前史)로 둔갑시킨 역사 왜곡이다. 1982년 공산당 정치국은 이 기획을 수립했으며, 1989년 동독이 붕괴하기 직전에는 일련의 우표까지 발행했다.

오랫동안 문학사를 지배해왔던 단선적인 진보 사관은 그 의도가 아무리 좋더라도 역사적으로 실현될 수 없다. 그래서 역사학자들은 다른 역사 모델을 제시하였다. 역사를 기술하고 역사적인 인물을 연구하다 보면 발전과 쇠퇴의 시기가 있고, 그

* 신성로마제국의 황제, 프리드리히 2세, 1122-1190

** 튀프케는 튀링엔 지방의 온천 도시 바드 프랑켄호이젠에 1525년 일어난 농민 봉기와 지도자 뮌처(Thomas Münzer)를 기리기 위해 1976에서 1987까지 파노라마 그림을 제작하였다.

*** 프로이센의 왕, 1871년부터 독일제국의 황제, 1797-1888

사이에는 펠리클레스의 아테네나 아우구스투스의 로마와 같은 짧은 '전성기(Hoch-Zeit)'가 존재하는 것을 알게 된다. 우리의 시대가 멸망할 때까지 로마제국처럼 긴 시간이 소요된다면 우리는 다음 세대를 걱정할 필요가 없을 것이다. 사람들은 '고전적'이라고 생각하는 작품들을 소위 '르네상스'나 '의고전주의(Klassizismus)'에 의도적으로 포함시켰다. 이러한 시대 구분의 체계는 20세기 들어 완전히 해체됐지만, 학교나 대학에서는 단순히 실용적이라는 이유 때문에 계속 사용되고 있다.

우리는 여전히 상이한 양식들의 시간적 전후 관계를 가르치고 배우고 있다. 기술적으로 최고의 수준에 도달했던 로마네스크 양식과 고딕 양식의 건축물은 한 세기가량 공존했다. 주문자와 사용자는 각자의 취향에 따라 서로 다른 양식을 선택했다. 13세기 초반 츠베틀 수도원의 십자가의 길은 고딕 양식이지만, 거기서 동쪽으로 70km 떨어진 쇈그라벤의 멋진 성당은 로마네스크 양식으로 지어졌다. 후대에도 이와 유사한 일은 자주 일어났다. 다뉴브강 유역의 바이에른과 오스트리아에서는 르네상스 양식을 찾아보기 어렵다. 이 지역에서는 '도나우 학파'의 후기 고딕 양식이 르네상스를 뛰어넘어 바로 초기 바로크 양식으로 넘어갔다.

이미지 언어는 광고에서 예술까지 다양한 분야에서 우리에게 영향을 준다. '양식(Stil)'을 말할 때 우리는 다소 밀도가 높은 문화적 소통단계를 구분한다. 하지만 이 양식들은 우리의 삶

속에서 꼭 대립적이지만은 않다. 이런 점에서 우리는 근본적으로 성격이 다른 바일러(Max Weiler)[*]와 쿰프(Gottfried Kumpf)[**]의 '풍경화'를 각자의 방식대로 즐길 수 있다.

문화적 발전은 소위 고급문화라고 하는 영역에서만 일어나지 않는다. 그것은 모든 수준에서 광범위하게 진행된다. 이 고급문화는 비용이 많이 들기 때문에 특별한 정당화 전략이 필요하다. 특히 민주적이라고 말하는 사회와 달리 권력구조가 투명하지 않은 사회에서는 더욱 그렇다. 또한 특정한 문화현상이 '지배적이다'라고 할 때 우리는 그 뒤에 어떤 이해관계가 놓여 있는지 생각해 봐야 한다. 내 주장을 요약하면 다음과 같다. 역사에 너무 많은 '질서'와 '체계'가 편재하면 사람들이 실제로 '아름답게' 느꼈던 것을 간과하게 된다.

* 오스트리아 화가, 1910-2001

** 오스트리아 화가, 조각가, 1930-

제2부

일상 속의 미

미와 권력

예술과 미는 지배자가 됐건, 전문가가 됐건, 시장이 됐건 항상 권력과 관계가 있다. 아름다운 것은 권력자의 마음에 드는 것이며, 다른 사람의 호감을 얻기 위해 사용된다. 왜냐하면 권력을 계속 유지하려면 사람들 마음에 들어야 하기 때문이다. 그에 반해 폭력은 파괴적이며 큰 대가를 치러야 한다. 사람들은 누구나 이런저런 의미에서 그리고 여러 가지 이유에서 아름다운 것을 소유하고 싶어 한다. 이 소유욕의 대상에는 각종 보석부터 끝내 꺾이고 마는 괴테의 '들장미'에 이르기까지 모두 다 포함된다. 여러분은 이 시를 알고 있을 것이다.

> 한 소년이 보았네.
> 들에 핀 장미
> 싱싱하고 아침같이 예쁜 장미
> 소년은 가까이 보려고 달려갔네,
> 큰 기쁨으로 바라보았네.

장미, 장미, 빨간 장미
들에 핀 장미

소년이 말했네, 너를 꺾을 거야
들에 핀 장미야!
장미가 말했네, 너를 찌를 거야,
영원히 나를 잊지 못하도록
그리고 참지만은 않겠어.
장미, 장미, 빨간 장미,
들에 핀 장미

사나운 소년은 꺾었네
들에 핀 장미,
장미는 저항하며 찔렀지만
탄식도 신음도 소용없는 것
고통을 당해야만 했네.
장미, 장미, 빨간 장미
들에 핀 장미

정겨운 민요처럼 들리는 이 시는 슈베르트를 비롯해 여러 작곡가에 의해 작곡되었다. 이 시에는 괴테와 브리온(Friederike Brion)*의 염문처럼 명확한 의미가 담겨 있다. 괴테가 그녀의 순결을 짓밟았는지, 아니면 결별을 통해 그녀의 마음에 큰 상처를 주었는지, 이에 대해서는 비평가마다 해석이 구구하다. 어쨌든 우리 어머니가 즐겨 부르셨던 이 노래에는 그다지 유쾌하지 않은 깊은 의미가 담겨 있다.

장미는 가장 오래되고, 가장 많이 사용된 미의 상징이다. 가장 오래된 장미 정원은 수천 년 전 중국과 페르시아에 있었다. 사실 장미는 약용 실물로도 사용됐다. 개신교 신자였던 괴테는 루터 성경에 나오는 장미를 알고 있었을 것이다. 루터와 그의 추종자들은 구약에 나오는 백합을 번역하면서 특별한 것을 생각해냈다. 백합이 '순결함'을 뜻할 때는 그대로 백합으로 놔두었지만, 아름다움을 나타낼 때는 장미로 번역하였다.

평범해 보이는 사랑의 노래 중에서도 특히 낭만적인 목가를 듣게 되면 우리는 갑자기 상념에 잠길 수 있다. '보리수나무 아래서(Unter der Linden)'** 마냥 행복했던 소녀는 어떻게 됐을까?[5] 투콜스키 (Kurt Tucholsky)***가 그의 시 「그 후에(Danach)」

* 엘사스 지방의 목사 딸로 1771년 괴테와 짧지만 뜨거운 사랑을 나눈 여인

** 중세 최고의 음유시인 발터 폰 포겔바이데 Walter von der Vogelweide의 연애시이며, 젊은 남녀가 보리수나무 아래서 사랑을 나누는 장면을 암시함.

*** 독일 작가, 언론인, 1890-1935

(1930)에서 확인했듯이[6] 영화가 해피엔드로 끝나면 '일반적으로 화면은 사라진다'. 하지만 '일반적으로' 해피엔드는 없다. 빈(Wien) 시(市)의 기록보관소에는 19세기의 고아 명부가 남아 있다. 원치 않는 아이를 그곳에 맡기는 엄마는 아이의 신상을 밝혀야 하는 것은 물론이고 심지어 돈까지 내야 했다. 이 기록물은 내가 경험한 충격적인 사료 중 하나이다. 이렇게 버려진 아이들은 대부분 오래 살지 못했다. 거기에는 사망 일자까지 상세히 기록되어 있다.

소년과 소녀의 아름다움을 탐하는 일은 범죄로 이어질 수 있다. '장미를 꺾는다'는 말은 '여자아이를 범한다'는 것을 연상케 한다. 오비드(AD 17년 경 사망)는 토끼 몰이를 언급한 적이 있다.[7] 어렸을 적에 내 또래의 아이들은 주말에 여자아이들을 만나러 가면서 '토끼 사냥'이란 역겨운 표현을 썼다. 이와 함께 굳이 기억하고 싶지 않은 사건이 또 하나 있다. 그것은 1945년 나치의 마우트하우젠 집단 수용소를 탈옥한 수감자들이 모두 사살된 사건이다. 역사는 이것을 '뮐피어텔 토끼 사냥(Mühlvieteler Hasenjagd)'이라고 기록하고 있다. 친척들이 직접 말해 준 이야기에 따르면 나치는 이 수감자들을 진짜 괴물로 둔갑시켰고, 이들을 소탕하는 것이 정당한 일이라고 선전했다. '침대 토끼(Betthase)*' 역시 괴물이 아닌 희생자였다. 왜냐하면 당시 사회

* 부적절한 관계에 있는 여성으로서 부정적인 의미의 연인, 정부, 노리개 등을 뜻함.

에서 '뭔 일이 일어나면', 다시 말해 여자가 원치 않은 아이를 갖게 되면 수많은 편견과 고통을 겪어야 했기 때문이다. 어떤 중산층 여자의 험담이 기억난다. '그 고상한 부인'은 "그러면 뭐라도 했어야지"라고 말했다. 몰래 낙태를 했어야지 하는 말이다. 이런 일은 아름답지 않지만, 수많은 아름다움이 감내해야 했던 운명이다. 다 '과거 좋은 시절'의 이야기들이다.

나는 한 철학자에게서 그 논거를 찾았다. 세상사에 어두웠던 칸트는 『판단력 비판』[8]에서 미는 '아무 이해 없이 마음에 드는 대상'이라고 정의하였다. 헤르더와 그의 동시대인들은 이 생각을 비웃었다. 아무 이해 없이 아름다운 것을 생각한다는 것은 뭔가 이상하지 않은가? 쾨니스베르크에서 칸트 문하에 있었고, 바이마르에서 괴테와 우정을 나눴던 헤르더는 스승인 칸트를 매우 존경했다. 헤르더는 어쩌면 '이해(Interesse)'의 오래된 의미를 몰랐던 것 같다. 오늘날 영어의 'interest'에는 여전히 이자라는 뜻이 남아 있다. 칸트는 아름다움으로는 어떤 이익도 취해서는 안 된다고 생각한 것이다.

이 문제는 나중에 다시 다루려 한다. 옛날부터 아름다움에 대한 즐거움은 욕망과 결부되어 있었다. 그런데 우리는 폭력 없이 이 즐거움을 얻을 수 있을까? 나는 독자 여러분을 심오한 철학의 세계가 아닌 일상의 세계로 안내하고자 한다. 부엌의 수저에서 농가의 창고에 이르기까지 일상품 중에도 아름다운 것은 존재한다. 중세 후기 부르고뉴의 제후들은 자신이 참석하는 공식 행사에 화려한 식기도 함께 운반하게 했다. 그리고 축제 행렬을 에워싼 군중들에게 그것을 보여주었다. 거기에는 이 행사를 위해 기꺼이 세금을 낸 상인들도 있었다. 영향력 있는 제후가 약속하는 영업권의 보장과 합법화는 이들에게 매우 중요했다.

표현의 모티브는 어느 시대건 어느 계층이건, 오두막이건 궁전이건 늘 '미'와 연결된다. 표현은 자신의 이상적인 정체성을 공개적으로 알리는 것이다. 하지만 아름다운 것이 없다면 그것을 할 수 없다. 청빈한 삶을 선언한 수도사들조차 '신의 영광을 위해(ad maiorem Dei gloriam)' 직접 아름다운 예술과 건축물을 만들었다. 아니면 누군가에게 그것을 의뢰했다. 어쩌면 사람들은 그런 것이 아름다운 가상에 불과하다고 비웃을지 모른다. 괴테의 『빌헬름 마이스터의 수업시대』에서 미뇽은 "내가 참다운 존재가 될 때까지 그냥 허깨비로 있게 해 주세요"라고 노래한다. 그녀는 심장병을 앓고 있는 자신이 피안의 세계에 가서야 비로소 본질적인 삶을 얻을 수 있다고 믿는다. 어쩌면 괴테는 '그의' 성장소설에서 자기 자신을 염두에 두었는지 모른다. 집필 당시 그는 현실에서 인성을 발전시켜야 할 사람이 바로 자기 자신이라고 느꼈던 것 같다.

여기서 중요한 것은 상징적인 소통이다. 소통은 한편으로는 뭔가를 전달해야 하고 ("봐라, 내가 그것이고, 내가 그것을 갖고 있고, 내가 그것을 할 수 있다"), 다른 한편으로는 '그것이 어딘가에 도달해

그림 6 루이 14세에 대한 윌리엄 새커리(William M. Thackeray)의 캐리커처(1840년경)

야 한다'. 속 공적 영역에서 이해와 공감을 불러일으켜야 한다. 인간은 여러 가지 방식으로 자신을 나타내는데, 무엇보다 몸으로 그것을 표현한다. 사람들은 헤어스타일에서 화장까지, 피트니스에서 성형수술까지 다양하게 자신의 몸을 관리한다.

옷이 날개라는 오래된 속담이 있다. 많은 사람들은 옷으로 자신의 신체적 결함을 감춘다. 그리고 일상적인 물건으로, 특히 고급 제품으로 자신을 표현한다. 단순히 a라는 장소에서 b라는 장소로 이동하기 위해 자동차를 구매하는 사람은 거의 없다. 차종의 선택은 늘 구매자의 자존심이나 경제적 상황과 연관이 있다.

표현은 권력 행사를 위해 필요한 요소이기도 하다. 이것은 겁을 주며 위협하는 것보다 훨씬 손쉬운 방법이다. 권력을 행사하는 당사자가 없어도 과시와 겁박은 동시에 일어날 수 있다. 실러의 『빌헬름 텔(Wilhelm Tell)』에서 지방 영주인 헤르만 게슬러는 모자를 나무에 걸어놓고 그것이 마치 자기를 대표하는 양, 사람들에게 모자를 향해 인사하라고 한다. 오늘날 이 모자는 '게슬러 모자(Gesslerhut)'라고 불린다. 우리는 매일 수많은 동상, 기념물에 새겨진 문구, 국장(國章) 옆을 지나가지만, 그것을 향해 인사를 하거나 경의를 표하지 않는다. 하지만 이 기념물의 제작을 주문한 사람은 사람들이 그것을 보고 감동하길 바란다. 대기업, 은행, 보험회사의 화려한 건물들은 이보다 더하다. 고객들의 돈으로 지어진 이 건물들은 스스로 자신의 의미를 드러낸다. 부르고뉴의 상인처럼 사람들은 자기가 중요한 기관과 거래하고 있다는 것을 되새기며 건물을 향해 경의를 표할지 모른다. 하지만 이 건물들 중에 정말 아름다운 건물은 거의 없다.

이렇게 다소 차이는 있지만 아름다운 것은 아주 빈번하게 '이해(Interesse)'와 연결되어 있다. 역사적인 사례로서 중세 프랑스에서는 귀족들을 'biaux sire'(아름다운 신사) 'bele dame'(아름다운 부인)이라고 불렀다. 왜 아름답다고 했을까? 아름답다는 것은 단순히 뭔가 할 수 있는 능력만을 말하지 않는다. 아름답다는 것은 영양 상태가 좋은 부유층의 더 나은 외모만을 의미하지 않는다. 또한 그것은 이상적인 정체성을 가진 사람으로 보이고 기억되고 싶은 소망의 문제만도 아니다. 그것은 정당화의 성격을 갖고 있다. 아름다운 사람이나 아름다운 것은 올바르고, 인정받는 것이며, 심지어 찬사의 대상이다. 그렇지 않은 사람은 추하다. 중세의 농민이나 시골 사람(Dörper)이 거기에 해당된다.

노벨 문학상 수상자 헤르타 뮐러(Herta Müller)*는 미의 특별한 측면을 강조한다. 그녀는 경찰에 소환될 때면 제일 좋은 옷을 입고 출석했다고 말한다. 이것은 자존감의 문제이다. 그녀는 공산주의 체제의 동유럽 국가에서 볼 수 있었던 획일된 복장의 추함이 독재의 상징이라고 생각한다. 서구의 시각에서 보면 풍자의 소재가 될지 모르지만, 체제에 저항하는 사람들에게 그것은 실존적인 성격을 갖는다. '아름다운' 외모를 가꾸는 것은 당의 간부나 요직에 있는 여성들의 전유물이었다. 신발이나 복장도 마찬가지였다. 지금도 뮐러는 일상에서의 아름다움이 인간을 지켜주고 보호하는 버팀목이라고 생각한다.[9]

전문가들은 알고 있겠지만 디자인은 단순히 우연적이거나 부수적인 것이 아니다. 그것은 유용성과 기능성을 갖고 있는 '올바른' 형식을 만드는 작업이다. 이런 점에서 좋은 도구는 대부분 아름답게 보이며 수백 년에 걸쳐 완성된다. 오늘날 포도를 재배하는 농부가 고대 로마의 농부가 쓰던 전정 칼을 계속

* 루마니아 출신의 독일 여성 작가이며, 작품의 주제는 주로 공산 독재 체제 하의 삶이다. 1953-

사용하는 것을 보면 알 수 있다.

아름다운 것의 물질적 가치는 차치하더라도 그것을 소유한다는 것은 결코 쉬운 일이 아니다. 아름다운 것을 소유하려면 그에 상응하는 자격이 있어야 한다. 게다가 보관과 관리는 물론이고, 그것의 성격을 훼손해서는 안 된다. 누군가가 고해성사용 의자를 바의 인테리어 장식품으로 개조하고, 메라노(Merano)*의 한 성당을 은행 지점으로 바꾼다면 몹시 혐오스러울 것이다. 내가 이를 불쾌하게 여기는 이유는 이런 것들이 종교적인 의미를 가져서가 아니라 원래의 기능을 상실했기 때문이다.

미와 연결된 '이해'의 실현은 취득과 함께 종결되는 일상적인 과정이 아니다. 아름다운 것을 선별, 보관, 전시하는 데는 늘 문제가 따른다. 소장자의 관심이 반영된 특정 전시회를 제외하고, 관람객들이 문맥을, 즉 원래의 상징적인 소통을 경험할 수 있는 곳이 어디인가? 거듭 강조하지만, 이것은 박물관 교수법의 주제일 뿐 아니라 미적 이해의 근본 요소이다. 그런데 예술사학자들조차 종종 이 점을 간과하고 있다.

미와 관련하여 우리는 다양한 세계에 살고 있다. 그것은 삶과 직접 연관된 것일 수도 있고 상상과 경탄의 세계이거나 욕망의 세계일 수도 있다. 이것은 「여우와 포도」의 이야기와 같

* 이탈리아 '남부 티롤'의 도시

다. 사람들은 자기가 가질 수 없는 것의 가치를 폄하한다. 고가의 아름다운 것을 살 수 없는 사람은 어쩌면 전시된 것을 보고 감탄하거나 혹은 모조품에 만족할지 모른다. 아니면 "이것은 산 것도 아니고, 빌린 것도 아니야. 훔친 것은 더욱 아니야. 적어도 이것은 진짜란 말이야."라며 내심 덜 아름다운 것에 만족할지 모른다. 이것은 위안일 수도 있고 확신일 수도 있다. 일상에서 자주 말하듯이 '진짜 아름다운' 것이란 없는가? 여기서 우리는 다시 한번 근본적인 질문에 직면하게 된다. 누군가에 의해 조정 당하지 않는데, 혹은 우리 스스로가 조정하지 않는데 어떻게 아름다운 것을 보고 즐거움을 느낄 수 있단 말인가?

미와 에로티시즘: 아름다운 소녀에 대한 동경

사람을 물건 취급하는 것은 아름다운 일이 아니다. 하지만 이런 일은 매일 우리의 말과 생각에서 그리고 노동 현장에서 발생한다. 사람들은 아름다운 사람을 소유하고 싶어 한다. 그래서 아름다운 사람을 납치하고, 매매하고, 복종시키고, 함부로 대한다. 사람을 학대하는 것, 즉 악용하는 것은 그 자체가 추악하고 음험하다. 그러나 많은 책들은 인간을 정당하게 '사용'하는 방법이 있는 양 그것을 알려주고 있다. 특히 오래전부터 있어 왔던 사랑의 지침서가 그런 역할을 한다. 이런 책에는 양심이란 것이 존재하지 않는다. 오비드(AD 17경 사망)의 『사랑의 기술(Ars amatoria)』이 대표적인 예일 것이다. 여성은 오직 남성적 욕망의 대상이지, 묘사의 대상이 아니었다. 가명 외에 알려진 것이 없는 카펠라누스(Andreas Capellanus)(12세기)의 『사랑에 대해서(De Amore)』*는 사정이 조금 다르다. 적어도 여기에 등장하

* 12세기 말 라틴어로 집필된 이 책은 귀족과 기사들의 사랑에 대한 규범과 조언을

는 여성들은 허구적인 인물이긴 하지만 좀 더 구체적으로 묘사된다. 울리히 폰 리히텐슈타인(Ulrich von Lichtenstein)*의 『여성의 책(Frauenbuch)』에서는 한 귀부인이 여성에 대한 편견에 맞서 싸우고 민네(Minne)**에 대해 비뚤어진 생각을 지닌 남성들을 비난한다. 그들은 여자와 사랑을 나누는 대신 사냥을 떠나버린다. 작가는 아마도 이 두 가지를 다 경험해봤을 것이다.

특정 광고는 악용이나 '사용'에 아주 가까이 있다. 자동차 판매 대리점에는 자사 제품의 매력을 신뢰하지 못해서 그런지 예쁜 여성 모델이 자동차 사이에 서 있는 포스터가 붙어 있다. '이 차를 구매하면 이런 여자도 얻을 수 있다'는 생각이 들까? '섹스는 직접 세일즈를 하거나', 아니면 최소한 구매자의 관심을 끌 수 있다. 최근 연구에 따르면 사람들은 때에 따라 광고하는 상품보다 다른 것에 더 '눈길을 돌린다.' 파사우 대성당의 '여자 천사들'은 사람들의 눈길을 끄는 것 외에 어떤 역할을 했을까?

아름다운 육체를 문학적으로 자세하게 묘사하는 전통은 오래전 오리엔트에서 시작됐다. 기원전 2000년경 수메르의 궁정 시인 일루미아(Illummiya)는 다음의 시를 썼고, 왕비는 그것을 노래했다.

담고 있으며 중세 풍속사 연구에 중요한 자료로 평가된다.

* 독일 중세의 궁정문학 작가, 1200-1275

** 중세 궁정사회가 지향한 사랑의 가치로서 이루어질 수 없는 정신적인 사랑을 의미하며, 주로 고귀한 귀족 여성이 그 대상이었다.

내 곱슬머리는 냉이풀이에요.
다리 사이 꽃밭에서 자라는
곱슬곱슬한 냉이풀.
그는 나의 냉이에 물을 줄 거예요.
발이랑에 부리를 내밀고
쳐다보는 새. 룹룹
그는 이 새를 어루만져 줄 거예요.
보모는 모든 정성을 아끼지 않을 거예요.
내 곱슬머리를 땋아서
날개를 만들고
부드럽게 빗질하여
기름을 발라 줄 거예요.
그리고 내 가슴에서
가리개를 벗겨 줄 거예요.
그 사람을 불러줘요
푸른 냉이는 어디에도 없어요.
나는 그를 쳐다보고
그와 단둘이 이 초원을 거닐며
그에게 기쁨을 줄 거예요.
슈 슈엔,
나는 그를
그는 나를 영원히 사랑할 거예요.

당신은 나의 왕
청금석으로 은빛 화장한
내 눈에 당신은 나의 왕.
진정한 나의 왕이에요.
당신은 나의 눈동자이며
또한 나의 심장이에요.
당신은 수많은 날을
오래, 오래 살 거예요.
나의 슈 슈엔.

기독교인들은 구약성서를 통해 오리엔트의 예술을 경험할 수 있었다. 루터가 '아가서(Hohes Lied)'라고 칭한 성경에는 남녀의 육체에 관한 시가 있는데, 이것은 세계문학의 백미로 손꼽힌다. 이것 때문에 성경을 다시 손에 잡더라도 동기가 불순하다고 탓할 수는 없다. 오리엔트 예술을 연결하는 또 다른 다리가 이슬람이다. 하파가(Ibn Hafaga)*의 「시집 Diwan」 중에서 한 부분을 소개하면 다음과 같다.

내가 지새운 수많은 밤은 당신의 검은 머리털로 만든 것!
당신에 대한 기억의 꽃들을 엮고 있으면 내 눈물의 구름에서

* 알모라비드 왕조 시대에 알 안달루스의 대표적인 시인 중 한 사람, 11058-1139

한없이 비가 내립니다.
눈물을 흘리며 당신의 카르네올 같은
뺨과 진주 같은 입을 떠올립니다.
당신의 눈물이 있어 나는 빛납니다, 그 눈물 때문에
멀리서 불타는 당신의 불길은 장밋빛입니다.
하여 석류 같은 당신의 가슴에서 열매가 튀어나오는 듯합니다.
당신은 수많은 밤의 어둠을 보름달 같은 이마로 갈라놓았습니다!
그리고 나는 가끔 당신의 침실에 숨겨놓은
진주를 가지고 즐겁게 놉니다.
아네모네 같은 당신의 뺨이 어른거리고
미풍 같은 당신의 향기가 흘러넘칩니다.
백합잎 같은 당신의 목줄기에 이슬 같은 진주 목걸이가 걸려 있고,
그 진주는 와인 잔 같은 당신 뺨 위에 흐르는 눈물입니다.
당신은 몸을 구부리고 홍분의 열기 속에서 몸을 떱니다.
부풀어 오른 당신 엉덩이는 이리저리 흔들리고
허리 끝에는 물결이 칩니다.

유럽의 연애시(미네장)는 로마가 아닌 이슬람의 전통을 잇고 있다. 여기서는 아름다운 여성뿐 아니라 아름다운 남성도 등장한다. 12세기의 것으로 추정되는 짧은 프랑스 시 하나를 소개한다.

어깨는 넓지만, 엉덩이는 갸름한
레이노 백작이 계단 위로 올라가네.
그는 가느다란 금발의 고수머리를 가졌네.
어디를 가도 이렇게 멋지고 젊은
기사는 볼 수 없을 거야.
에렘보는 그를 보자
울기 시작하네.
오, 사랑하는 레이노!

남성의 아름다움은 꼭 사랑을 위해서만 있는 것이 아니다. 『시편』의 결혼식 축가에 따르면 이 세상에서 가장 아름다운 남자는 무엇보다 진실, 가난, 정의를 위해 싸워야 한다. 그래야 좋은 아내를 얻을 수 있다. 이렇게 우리는 아름다운 것은 쓸모 있어야 한다는 생각을 늘 만난다.

유럽의 연애시는 종교 문학에도 지대한 영향을 미쳤다. 그래서 세속적인 모티브가 성모님과 하느님을 향한 사랑의 메타포로도 사용되었다. 『시편』의 왕은 주인이 되고 신부들은 그를 흠모한다. (45, 12. 루터 성경에 가장 잘 나타남) 오늘날의 시각에서 보면 조금 이상하게 들릴지 모르지만, 시편의 이 텍스트는 수백 년 동안 성직자와 일반인들의 입을 통해 암송되었고, 기독교식이건, 유태교식이건 모든 결혼식에 등장하는 고정 레퍼토리가 되었다.

유명한 까르미나 부르나(Carmina Burna)*의 텍스트를 읽어 보자.[11]

북해에서 라인 강까지
온 세상이 내 것이라도
영국 여왕을
품에 안을 수 있다면
나는 모두 다 버릴 거야.

이 텍스트와 신비주의자 메히틸트 폰 막데부르크(Mechthild von Magdeburg)**[12]의 텍스트는 서로 일맥상통한다. 언어적 재능이 뛰어났던 그녀는 귀족 교육을 통해 이 소재를 알게 된 것 같다.

온 세상이 다 내 것이라도
그것이 모두 금으로 됐을지언정,
나는 바라건대
여기서 영원한 삶을 얻고 싶네.
이 세상에서 가장 고귀하고 아름다우며

* 11, 12세기 익명의 작가들이 지은 세속적인 시와 격언문학 모음집이며, 후에 카를 오르프(Karl Orff)의 작곡을 통해 유명해짐.

** 독일의 기독교 신비주의자, 수녀, 1207년경-1282년경

최고의 권력을 가진 영국 여왕도
나는 원하지 않네.
나의 사랑하는 주님
나는 하늘의 영광 속에 계신
예수 그리스도를
뵙고 싶을 뿐이네.
당신을 고대하는 사람들이 얼마나 힘든지
헤아려 주소서.

이러한 예시를 위해 아름다운 성모의 모습까지 추가하면 여러 권의 책이 될 것이다. 이 시들에는 공통점이 하나 있다. 작가는 대부분 남성이지만, 독립적이고 아름다운 여성이 중요한 역할을 한다. 욕망의 성취가 늘 동경의 목표였지만, 귀부인은 영웅이 아니면 범접할 수 없는 존재였다. (그림 7)

결혼도 그다지 중요하게 여기지 않았던 것 같다. 하지만 볼프람 폰 에센바흐(Wolfram von Eschenbach)* 같은 시인은 집에서 아내와 사랑을 나누면 새벽 야경꾼의 외침 소리에 놀라 도망칠 필요가 없으니 얼마나 좋으냐고 말한다. 이런 걸 보면 실제 사정은 좀 달랐던 것 같다. 기사 소설의 영웅들도 마지막에는 다 하나둘씩 결혼을 한다. 독자 중에 아들을 둔 어머니들은 적어

* 중세 독일의 영웅 서사시 작가, 대표작『파르치팔(Parzival)』, 1160년경-1220년경

그림 7 중세의 복장을 한 아킬레스, 트리스탄, 란슬롯, 심슨, 파리스, 트로일러스는 두 명의 천사가 호위하는 비너스를 찬양한다. 그런데 그들은 오직 '한 곳'만을 응시하고 있다. 15세기 초반 북이탈리아에서 제작된 것으로 추정 (루브르 박물관 소장)

도 이 내용을 읽고 나서는 안심했을 것이다.

민네는 인위적으로 생각해낸 이상적인 사랑이다. 이것을 빼면 중세의 일상은 낭만적인 것과는 거리가 멀었다. 시골 처녀들은 대부분 귀족의 자제들을 두려워했다. 금수저로 태어난 상류층 자녀들은 정치적으로나 경제적으로 좋은 조건의 혼사가 이루어질 때까지 세심한 보호를 받았다. 그렇지 못한 서민 여성들은 귀족에게 저항할 법적 권리가 없었다. 가정을 가질 수 없는 남성들의 욕구를 해소해 주던 매춘부는 도시나 군대에서 늘 환영받는 존재였다. 이들은 교회의 축제 행렬에도 참석할 수 있었고, 심지어 독자적인 단체를 설립하기도 했다. 성직자들은 농부의 딸을 쉽게 손아귀에 넣을 수 있었다. 왜냐하면 이 소녀들은 그들에게 저항할 수 없었기 때문이다. 게다가 아이까지 낳으면 환영받는 노동력으로 활용되었다. 전쟁 중에 성이나 도시가 함락되면 여성은 전리품이 되었다. 수녀들까지도 그것을 두려워했다. 오직 기적만이 그들을 구해줄 수 있었지만 그런 기적은 쉽게 일어나지 않았다. 법적인 형태로 자주 인용되는 '초야권(ius primae noctis)'*은 전설에 불과하다. 아니면 욕망의 판타지라고 해야 할까? 아무튼 13세기까지 수녀원 밖의 여자아이 중에서 12살이 넘도록 처녀로 남아 있는 경우는 거의 없었다. 그 이후 결혼연령은 뚜렷하게 높아졌다.

시인의 어투도 종종 거칠어질 때가 있다. 예컨대 고트프리트 폰 스트라스부르크(Gottfried von Straßburg)**는 다음과 같이 노래하고 있다.[13]

부끄러움과 소녀는
온 세상 사람들이 주장하듯이
그저 무상한 것일 뿐

* 중세 봉건 사회에서 영주가 신부와 먼저 첫날밤을 보낼 수 있는 권리를 뜻함.

** 중세 독일 문학의 대표적인 작가 중 한 사람, -1215

오래 가지 못하는
한나절 꽃과 같네.

결혼은 어른들이 결정하는 사안이었으며, 젊은 남녀는 종종 일면식도 없이 결혼하였다. 남녀 간의 차이가 있다면 혼전의 성 경험이 남성에게는 허용됐지만, 여성에게는 용납되지 않았다는 점이다. 신부 측으로부터 후한 물질적 보상이 기대되면 시인은 그녀를 아름답게 묘사했을 것이다. 상류층 집안의 딸인 '공주'는 유복하게 자랐다. 이들은 고된 노동을 하지 않았고 승마와 같은 운동을 즐겼다. 앞에서 말했듯이 미는 건강과 밀접한 관계가 있다. 상류층이 누릴 수 있었던 규칙적이고 균형 있는 식사는 그들의 건강을 향상시켰다.

여기에 의상과 화장 그리고 상류층 여성은 어느 정도 떨어진 거리에서만 볼 수 있었던 점을 감안하면 동화에 등장하는 공주가 왜 항상 아름다운지 이해할 수 있다. 어린아이들이 가장 좋아하는 장난감은 공주 중에서도 특히 아름다운 공주이다. 남들이 부러워하는 존재가 되고 싶고, 남다른 특별함을 느끼고 싶어서 그런 것일까? 이것은 심리학자에게 문의해야 할 것이다.

과거에는 아이를 생산하는 일이 매우 중요했다. 여성은 반드시 아이를 낳아야 했다. 최상의 경우는 결혼 후 계속 임신하는 것이다. 신생아 절반이 사망한 점을 고려하면 빈번한 출산은 이해가 가는 대목이다. 그래서 중세나 근세 초기 회화에 묘사된 여성은 임신 여부와 관계없이 배가 약간 나와 있다. 다산할 것 같이 보이는 여성이 아름답기 때문이다. 계속되는 임신을 견디려면 충분한 영양 섭취가 필요했다. 생리와 출산으로 인한 빈혈은 영양분을 보충하지 않으면 철분 부족으로 인해 면역 결핍에 걸릴 수 있다. 여성의 기구한 운명에 대해서는 언급할 것이 많지만 다시 우리의 주제로 돌아가자.

성녀와 초기 르네상스 때 다시 부활한 여신은 여성미의 기준이었다. 일찍이 발터 폰 데어 포겔바이데(Walter von der Vogelweide)*는 자신이 동경하는 아름다운 여인상을 민네의 여신인 비너스로 규정했다.[14]

당신은 경이롭게 창조된 여성
당신에게 감사하는 것이 나의 일이네!
나는 찬양의 노래를 부르며
사랑스러운 여인을 경배하네.
[...]
당신의 머리는 너무 아름다워
나의 하늘이 된 것 같네.
당신을 누구와 견줄 수 있을까.
그 머리는 천상의 빛을 갖고 있어

* 중세 독일 문학의 최고 작가, 1170-1230

거기서 두 개의 별이 아래로 비추네.

[...]

신은 그녀의 뺨에
수고를 아끼지 않으셨네.
거기에 귀한 색조를
순수하게 붉은색과 흰색을
입히셨네.
이쪽은 장미처럼 붉고 저쪽은 백합처럼 희네.

[...]

그녀의 목과 손 그리고 두 발
모든 것이 완벽하게 아름다운 모습이네.
내가 좀 더 칭송해도 된다면
나는 더 많은 것을 보았다고 생각해.

[...]

욕조에서 일어서는
그녀의 알몸을 보았다면, 내키지 않지만,
"몸을 가리세요!"라고 외쳤을 거야.

이것은 수 세기가 지난 오늘날까지 지속되는 모티브이다. 단지 매체와 유통 경로만 바뀌었을 뿐이다. 여신은 영화와 TV의 스타가 되었거나 아니면 속옷 광고의 모델이 되었다. 아름다워질 수 있는 가능성은 몇 배로 증가했다. 이 모든 것을 지배하는

그림 8 예수의 제자였던 마리아 막달레나는 전설에 따르면 남프랑스에서 말년을 보냈다. 회개하는 그녀의 모습을 그린 그림에는 항상 여성의 몸과 긴 머리가 묘사되어 있다. 티치안의 그림(1533년경, 피렌체 피티 궁전 Palazzo Pitti 소장)도 예외는 아니다. 최초의 예술사가 중 한 사람인 바사리(Giorgio Vasari)는 다음과 같이 주장했다. '어쩌면 이것은 세상에서 가장 아름다운 그림일지 모른다. 이 그림은 쾌락이 아닌 연민을 불러일으킨다.' 하지만 이 대가의 그림이 연민 때문에 수없이 모방되었다고 생각하는 사람은 많지 않을 것이다.

것이 남성의 시선 같지만, 스폰서, 고객, 사진작가, 예술가로 활동하는 여성들도 때로는 진지하게, 때로는 장난스럽게 유희를 즐긴다.(그림 8, 9)

과거에 민네가 그랬듯이 오늘날의 에로틱한 유희에서는

그림 9 사진 작가 우드맨(Francesca Woodman, 1958-1981)은 자기 몸을 소재로 많은 작업을 했다. 이 토르소(빈, Sammlung Verbund 소장)는 회화의 오래된 전통을 계승하고 있다. 바다의 거품과 조개에서 탄생한 비너스를 묘사하는 것은 고대의 전통에 속한다. 작가는 이를 암시하고 있다. 그녀는 티치안의 그림을 알고 있었을 것이다.

단순한 성적 욕구의 충족을 넘어 여성의 자기감정이 중요하다. 물론 여기에 성적인 관점이 전혀 반영되지 않은 것은 아니다.

중세 때는 여성의 아름다움뿐만 아니라 남성의 아름다움도 높이 평가됐다. 이것은 예술 작품 속에 잘 나타난다. 크레스티앙 드 트로아(Chréstien de Troyes)*의 잘 알려지지 않은 시 중에

* 중세 프랑스 문학의 대표적인 작가, 궁정문학의 창시자로서 유럽 문학 전체에 큰 영향을 미침, 1140-1190년경

영웅 클리제를 묘사한 것이 있다. 아래의 시 구절은 남성에 대한 중세의 시각을 잘 보여 준다.[15]

나는 클리제의 아름다움을 짧게
묘사하려고 한다. 그는 방년 십오 세로
인생의 절정기에 있었다.
느릅나무 아래 샘가에서 자기 모습을 보고
반해버린 나르시스처럼
그는 멋지고 아름다웠다.
하지만 나르시스는 자신의 모습을 바라보는 순간 죽고 말았다.
그것을 가질 수 없었기 때문이다.
그는 아름납지만 분별력이 부족했다.
그와 달리 클리제는 금이 동을 이길 만큼
분별력을 갖고 있었다.
내가 말하는 것보다 훨씬 더 많은 분별력을.
그의 머리는 황금 같았고
그의 얼굴은 갓 피어난 장미 같았다.
그는 잘생긴 코와
아름다운 입을 가졌다.
그리고 자연이 만들어낼 수 있는 그 어느 것보다
더 아름다운 외모를 지녔다.
자연은 모든 사람에게 나눠줄 것을

그에게 다 쏟아부었기 때문이다.

바로크 시대 이후에도 계속 예술가(감상자)의 상상력을 자극한 성인은 성 세바스찬이다. 수많은 조각 작품은 중요한 부위만 가린 채 나무에 묶여 화살에 맞아 죽어가는 그의 모습을 표현하였다. 내 생각에 순교는 부차적인 문제였다. 아름다움을 위해서는 심지어 그리스도의 몸까지도 동원되었다. 그것은 그저 아름다울 뿐이다. 일반 남성도 마찬가지이다. 20세기에 와서도 남성의 아름다운 몸을 묘사할 때면 고대 신화의 소재가 자주 사용되었다. 난처함 때문일까? 아니면 이러한 우회나 변명을 만들어내는 것은 유희일까? 내 생각에는 둘 다인 것 같다. 왜냐하면 여기서는 사실주의가 중요하지 않기 때문이다.

이상형과 제2의 자연

당대에 이미 유명세를 누렸던 크레스티엥 드 트로아는 영웅을 묘사하는 마지막 부분에서 "자연은 모든 사람들에게 골고루 나눠줄 것을 클리제에게 다 쏟아부었다"라고 표현한다. 클리제는 모든 시대에, 모든 매체에 존재했던 수많은 미의 이미지처럼 이상형에 속했다. 루이 7세의 딸들과 아키텐느의 여공작 엘레오노르* 그리고 막강한 플랑드르의 백작은 크레스티엥의 신분

* 프랑스의 루이 7세 그리고 영국의 헨리 2세의 부인이었으며, 유럽의 가장 영향력

높은 독자들이었다. 이들은 궁정에서 클리제와 같은 완벽한 신체를 본 적이 거의 없다. 두 번째 남편 헨리 2세*와 결혼하여 사자심왕 리차드 1세와 무지왕 존을 낳은 엘레오노르는 60세의 나이에도 불구하고 많은 남성의 선망을 받는 매력적인 여인이었다. 왕은 그녀가 정치에 관여하지 못하게 감금시켰지만, 그녀는 여러 가지 의미에서 '아름다운 부인(bele dame)'이었다.

베버(Max Weber)**는 이상형의 개념을 다음과 같이 정의한다.[16] "이상형을 얻기 위해서는 하나나 혹은 몇몇 관점들을 일방적으로 강조해야 하고, 또 여기서는 소수로, 저기서는 다수로 존재하지만 어떤 경우에는 아예 존재하지 않는, 무질서하고 서로 분리된 개별 현상들을 종합해야 한다. [...] 현실에서는 이러한 관념의 형상을 결코 발견할 수 없다. 그것은 유토피아에 불과하다. 역사 연구의 새로운 과제는 이러한 이상적인 상과 현실 사이에 어떤 편차가 있는지 모든 개별적인 경우를 통해 확인하는 것이다."

베버는 이를 통해 사회학의 새로운 연구 방법을 제시하고자 했다. 여기서 우리는 플라톤의 이데아를 연상하게 된다. 우리의 관념 속에는 책상, 의자, 사회 집단, 국가 등과 같은 수많

있는 여성 중 한 명으로 손꼽힘, 1124-1204

* 영국의 왕. 플랜태저넷 왕조의 기틀을 닦음, 가족 간의 권력투쟁으로 유명함, 1154-1189

** 독일의 사회학자, 1864-1920

은 이상형이 있다. 이것들은 한편으로는 삶의 경험에서 나온 것이지만, 다른 한편으로는 무엇이 도로와 인도인지 알려주는 교통 규칙처럼 그리고 절도와 강도가 무엇인지를 규정하는 법처럼 엄격한 정의를 따른다. 이처럼 사회과학에서도 봉건제도와 혁명과 같은 '유형'을 정의할 수 있다. 베버가 강조했듯이 유형은 현실을 모사한 것이 아니다. 그것은 실제 현상들을 규정하고 서로 비교할 수 있게 해 준다. 책상은 원형이거나 혹은 사각형이다. 하지만 그것들은 다 책상의 근본적인 특징을 가지고 있다. 같은 문화권에 있는 사람들이면 누구나 다 그것이 무엇을 의미하는지 알고 있다.

이로써 우리는 미의 '이상형'을 비교적 냉정하게 분석할 수 있는 도구를 얻게 됐다. 이념적인 이미지는 현실 속에 결코 존재하지 않지만, 사람들은 그러한 유토피아를 '인위적으로' 만들어낸다. 하여튼 이것은 많은 사람에게 방향을 제시할 수 있고, 제시해야 한다. 내가 실제 상황보다 훨씬 복잡하게 설명한 것 같다. 사람들은 '이상적인' 사과를 상상한다. 그래야 "이 사과가 조금 더 크다 혹은 조금 더 작다", "저 사과는 색깔이 다르다"라고 말할 수 있다. 이렇게 우리는 서로 다르지만 모든 사과를 한 바구니에 담는다. 문학 작품에 등장하는 아름다운 남자는 현실 속의 개별적인 아름다움에 대해 주의를 환기시키며, 사람들이 멋을 부릴 때 따라가고 싶은 방향을 제시한다. 그러면 다음과 같이 생각할 것이다. '저 남자는 혹은 저 여자는 이상형만큼 완전하지는 않지만 최소한…… 나도 저렇게 보이고 싶어. 어떻게 하면 될까?' 이를 위해 사람들은 피트니스를 하거나 옷으로 치장을 한다. 혹은 궁정 화가를 불러 이렇게, 저렇게 자신을 그리라고 지시한다. 자기 시대의 이상형에 다가가는 것은 쉬운 일이 아니다. 이것은 비극적인 결과를 낳기도 한다. 자기 모습에 반해 불행한 결과를 맞은 나르시스와 아름다웠지만 결국 불행하게 생을 마감한 마릴린 먼로가 그런 운명의 장본인들이다.

그림 10 말러 Nicolas Mahler의 캐리커처
상단 텍스트 내용 (벽에 걸린 거울아, 거울아. 이 나라에서 가장 아름다운 사람이 누구니?), 하단 텍스트 내용 (포토샵만 하면 당신이 가장 아름다운 분이세요.)

여러 세대가 지나는 동안 사진사에게 수정 작업은 촬영 다음으로 중요한 기술이었다. 지금은 포토샵 같은 디지털 기술이 발전하여 쉽게 수정 작업을 할 수 있다.(그림 10)

크레스티앙 드 트로아의 고대 프랑스 시는 학식 있는 사람들조차 쉽게 이해하지 못했다. 베버도 이 시를 읽지 않았을 것이다. 그 대신 그는 독자적인 연구를 통해 이상형에 대한 인식을 얻었다. 헤겔의 경우는 다르다. 그는 두 가지 상이한 자연에 대해 주석을 단 적이 있다. 제1자연('naturnatur')은 자연의 단순한 물질적 과정과 연관된 것이며, 제2자연은 이 과정들이 문화적으로 고양된 것으로서 우리의 본원적인 삶과 밀접한 관계가 있다. 따라서 인간의 제1자연은 의학적으로 설명될 수 있지만, 제2자연에는 문화적 판단이 포함되어 있다. 예컨대 헤어스타일이나 수염 스타일은 대부분 제2자연에 속한다. 미의 판단을 위해 중요하게 여겼던 신체 부위는 시대마다 다르다. 과거에는 창백한 얼굴이 고귀하다고 생각했다. 왜냐하면 그것이 육체노동을 할 필요가 없다는 것을 말해주기 때문이다. 오늘날에는 갈색 피부를 선호한다. 그것이 여가와 스포츠 활동을 암시하기 때문이다. 제2자연은 종종 교육의 결과이기도 하다. 예컨대 상대방 얼굴을 직시해야 하는지 아니면 시선을 아래로 향해야 하는지, 어떤 동작이 바람직한지 등은 교육의 산물이다. 이중 상당 부분은 무의식이 되어 우리의 본성을 형성한다. 많은 경우 이것은 남자, 여자, 민족 등이 원래 '그랬다'는 식의 편견을 갖게 만든다. 이러한 편견은 많은 불행을 낳았다.

일찍이 제1자연과 제2자연을 구분한 사람은 아우구스티누스(354-430)이다. 신학도였던 헤겔이 그의 텍스트를 읽었을 가능성은 크다. 우리는 루터가 아우구스티누스 은둔자 수도회 소속이었으며, 그의 신학이 '수도회'의 교부인 아우구스티누스로부터 많은 영향을 받았던 점을 상기할 필요가 있다. 헤겔은 자연에 대한 아우구스티누스의 구분을 당연하게 여겨서인지 그 내용을 각주로 처리했다. 제1자연과 제2자연의 차이는 오늘날 젠더 논의에서도 중요한 역할을 한다. 실제 생활에서는 자연적인 성보다는 성적인 특징이 문화적으로 어떻게 평가되며, 각 개인이 그것을 어떻게 평가하는지가 더 중요하기 때문이다. 따라서 미가 주제가 될 때는 어떤 '자연'을 염두에 두고 말하는지 유념해야 한다. 우리와 관계가 있는 것은 대부분 문화적으로 형성된 제2자연이다.

우리는 이상형 개념을 정의하면서 두 가지 형태의 자연을 구분하였다. 이로써 우리는 예술이나 광고 속의 이상적인 이미지와 우리가 어떤 관계에 있는지 객관적으로 기술할 수 있다. 우리는 이상형과 같이 인위적으로 만들어진 것이 어떻게 예나 지금이나 영향력을 계속 발휘하는지 자문하게 된다. 개인적으로 자신의 미적 이상에 접근할 수 있다고 기대하는 사람은 극히 소수에 불과하다. 만약 그렇게 되면 사람들이 쉽게 돈을 벌 수 없을 것이다. 실제로 모든 사람은 신체나 혹은 꿈, 소망, 표상을 통해 그러한 '이상형'에 어느 정도 참여한다. 전체 산업계의 매출 증가는 이 참여 정도를 얼마나 높이느냐에 달려있다.

생애주기에 따라 그리고 절기가 돌아오거나 혹은 특별한 계기가 있으면 다양한 축제와 행사가 열린다. 그러면 사람들은 자신의 이상적인 모습을 공개적으로 연출할 기회를 갖게 된다. 모든 사회 집단은 연회장으로부터 대형 맥주 텐트에 이르기까지 자신들의 특별한 수단을 활용한다. 예나 지금이나 사람들은 비용이 많이 들더라도 대중이 원하는 이상형을 행사장에 초대한다. 과거에는 축제가 정치와 사회를 위해 중요한 역할을 했다. 오늘날에는 미디어를 통해 축제의 이미지가 모든 가정에 전달된다. 대중들은 의상 디자이너와 PR 전문가가 연출하는 것을 빠짐없이 살펴보고 거기에 대해 자신들의 의견을 표명한다. 여기서 중요한 역할을 하는 것이 '아름다움'이다. 아무리 애를 써도 아름다움을 연출하지 못하는 사람들은 최소한 멋진 사람이라도 대동한다. 이런 것은 대부분 '가면'에 불과하다. 무도회에서만 그런 것이 아니다. 상대를 좀 더 알게 됐을 때 혹은 무도회 다음날 많은 사람들은 실망스러워한다.

그러면 사람들은 왜 그렇게 할까? 심층 심리학자가 아니더라도 우리는 이 인위적이고 예술적인 유희에 쏟는 에너지가 리비도, 즉 성적 욕망에서 비롯된다는 사실을 알고 있다. 프로이트는 이를 설명하기 위해 승화(Sublimation)의 개념을 사용했지만, 이 개념과 연결된 함정을 주의해야 한다. 문화적 성과를 리비도의 변환이나 우회라고 한다면 (이것은 흥미롭지만 불충분한 이론이라고 생각한다. 물론 이것은 다른 주제이다.) 그것은 나름 창의적으로 생각해낸 과정이다. 하지만 수많은 가능성이 있다는 점을 감안하면 그것은 단선적이며 결정론적인 생각이다. 왜냐하면 리비도가 해소되는 가능성은 정해져 있지 않기 때문이다. 다시 말해 이 과정이 특정 방향으로 진행되고 특정 상황에 의해 이미 결정되어 있다고 생각할 수 없다.

남자를 사냥꾼으로, 여자를 희생자로 묘사하는 아주 오래된 '게임'은 시간이 지나면서 이제 시대착오적인 것이 됐다. 페미니스트들만 그렇게 생각하는 것이 아니다. 과거의 성역할은 대부분 여성의 자유를 제한하고 억압하는 구실을 했다. 이것이 우리의 주제는 아니지만 나는 예시를 위해 두 여성을 소환하려 한다. 클라라 비크(Clara Wieck)의 아버지는 피아노 신동이었던 그녀를 훌륭한 피아니스트로 키우고 싶어 했다. 그러나 그녀는 아버지의 반대에도 불구하고 로베르트 슈만과 결혼했고, 이후 평탄한 삶을 살지 못했다. 슈만은 그녀가 피아노 연습하는 것을 언짢게 생각했고, 아내의 연주 활동을 원하지 않았다. 또한 그녀의 작곡에도 영향력을 행사했다.

알마 쉰들러(Alma Schindler)*에 대한 평가는 사람마다 다

* 오스트리아의 작곡가, 작가로서 사교계의 명사였다. 말러 G. Mahler, 그로피우스 W. Gropius 그리고 베르펠 F. Werfel과 결혼, 1879-1964

를 수 있다. 말러와 결혼할 때 그녀의 나이는 22세였고 말러는 19살 연상이었다. 말러는 결혼 전에 알마에게 예술 활동을 중단하라고 요구했다.[17]

> "당신은 작곡가 부부를 어떻게 생각하나요? 그런 독특한 경쟁 관계가 얼마나 우스꽝스러우며, 나중에 우리를 불행하게 할 거라는 것을 알고 있나요? 악상이 떠오르는데 집안일과 나를 돌봐야 한다면, 그리고 당신이 편지에 썼듯이 나를 위해 사소한 일까지 다 떠맡아야 한다면 어떻겠어요? 바라건대 우리가 행복해지려면 당신은 동료가 아니라 아내가 돼야 해요. 그것은 분명해요. 그것이 당신에게 삶의 중단을 의미하나요? 내 음악을 소유하기 위해서 그리고 내 음악이 되기 위해서 당신의 음악을 전부 포기한다면, 당신의 삶이 중단되는 건가요? 그러면 꼭 필요한 삶의 목표가 사라진다고 생각하나요?"

이런 일은 다 '아름다운 소녀'의 동경에서 비롯된 것이다. 그러나 클라라 슈만은 자신의 예술을 포기하지 않았고, 여러 남자의 뮤즈가 된 알마 말러는 자신의 창의적인 잠재능력을 마음껏 발휘했다. 세 번째로 언급할 사람은 후설(Edmund Husserl)* 의 비서였던 에디트 슈타인(Edith Stein)이다. 후설은 직접 글을

* 독일의 철학자, 현상학의 창시자, 1859-1938

쓰지 않고 비서로 하여금 받아쓰게 했다. 그의 강의록이 이렇게 완성됐다는 점에서 그녀의 역할이 적지 않았음을 쉽게 짐작할 수 있다. 후설은 유태인이었다. 그의 제자인 하이데거는 유명한 철학자가 됐지만, 나치에 대해 호의를 보였기 때문에 논란이 되었다. 슈타인은 수녀원에 들어갔으나, 나치가 자행한 인종 탄압의 희생자가 되었다. (이것은 또 다른 주제이다.) 남녀 차별에 대한 불만은 여전히 존재하지만 적어도 이제는 그것을 당연하게 여기는 사람은 없다. 여성에 대한 편견 때문에 얼마나 소중한 인류의 자산이 사라졌는지 한번 상상해 본 적이 있는가?

미와 풍경

한 편의 전시회를 준비하면서 나는 수집가이자 환경 전문가인 비니바르터(Verena Winiwarter)와 함께 여러 시대의 엽서를 열람한 적이 있다. 대수롭지 않게 보이는 이 자료를 통해 여러 세대의 사람들이 주변 환경을 어떻게 보았고, 어떻게 봐야 했는지를 알게 되었다. 엽서가 주문자나 생산자의 취향만을 반영하지 않기 때문이다. 엽서 생산자들은 매출의 증가를 기대하며 제품이 구매자들의 마음에 들기를 바란다. 엽서를 보내는 사람은 받는 사람에게 현재 자기가 받은 좋은 인상을 전하고 싶어 한다. '너도 여기에 있었더라면 이것저것을 보면서 나와 함께 기쁨을 나눌 수 있을 텐데'가 가장 흔한 메시지이다. 엽서 생산자는 우리의 시선을 조정한다. 그들은 자랑할 만한 것을 보여주며 더 많은 구매자와 관광객이 찾아오길 기대한다. 누군가에게 보낸 엽서는 아마도 반향을 일으켰을 것이다.

엽서의 모티브도 시간이 지나면서 변해갔다. 예컨대 도나우 강변에 위치한 페르젠보이크(Persenbeug) 시의 엽서에는

그림 11 반 루이스다엘(Jacob van Ruisdael)(1628/29-1682), 표백을 위한 초지와 하렘 시 전경 1670/1675 (Den Haag, Mauritshuis 소장)

1959년 완공한 입스 페르젠보이크(Ybbs-Persenbeug) 수력발전소가 위용을 자랑하고 있다. 하지만 최근 판매되는 엽서에는 페르젠보이크 성의 모습만 보인다. 다른 지역의 엽서도 마찬가지이다. 과거에는 주로 기술적인 면이 부각됐지만, 최근에는 사진 작가들이 공들여 제작한 자연의 순수한 모습이 주를 이룬다. 기술에 의한 자연의 지배가 자부심의 대상이 된 것은 비교적 최근의 일이다. 그렇게 보이지 않는 것은 과거의 이미지, 특히 회화 작품에 묘사된 것이면 (심지어 광산마저도) 모두 다 낭만적이고, '아름답게' 보이기 때문이다. 터너, 모네, 세잔이 기차에 열광한 것은 꼭 미적 이유 때문만은 아니다.

네덜란드 바로크 회화를 분석한 슈톡함머(Andrea Stockhammer)는 그녀의 박사논문(1990)에서 주목할 만한 결과를 제시했다. 일례로 네덜란드 화가 반 루이스다엘(Jacob van Ruisdael)*의 '하르렘의 초지(Die Bleichen von Haarlem)' (1670년경)를 들 수 있다. (그림 11)

이 그림에는 표백된 아마포가 넓은 초지 위에 펼쳐져 있다. 장식처럼 보이는 이 풍경은 그림을 주문한 사람의 직업과 관계가 있는 것 같다. 배경에 보이는 것은 표백업이 주요 산업이었던 하르렘 시의 풍요로운 모습이다. 이 그림은 도시의 부를 암시한다. 이와 달리 리버만(Max Liebermann)**의 '초지 위의 표백작업(Rasenbleiche)[18]'에는 원래 앞부분에 풍속화 장면이 있었으나, 개작 과정에서 흰색 천과 초록색 잔디가 어우러진 풍경으로 바뀌었다. 또한 윗부분에 있던 일하는 여자들의 모습은 닭들로 대체되었다. 이것이 꼭 필요했는지는 잘 모르겠다.

풍경화 자체가 명성을 누린 적은 거의 없다. 풍경화는 빈자리를 채우거나 출입문 벽면에 거는 용도로 사용되었다. 풍경화

* 네덜란드의 풍경화가, 1628-1682

** 독일 인상주의의 대표적인 화가, 1847-1935

화가는 그림 속에 등장하는 인물의 수에 따라 돈을 받기도 했다. 하지만 그들은 단순한 장식을 넘어 늘 주문자와 고객의 요구에 맞게 특별한 모티브를 제공했다. 주의 깊게 살펴보면 자주 보게 되는 모티브가 있다. 그것은 잘 가꾼 풍경과 (주로 테두리에 그려 넣은) 황무지의 대립이다. 이것은 앞에서 언급한 '선정(Buon Governo)', 즉 잘 관리된 자연과 관계가 있다. 이 모티브는 라스텐베르크(Rastenberg) 성*의 재산목록 장부에 삽입된 아름다운 수채화에도 등장한다. 이 필사본 그림들 중에는 영주가 아주 자랑스럽게 여겼던 것이 하나 있다. 그것은 당시로서는 매우 현대적이라고 할 수 있는 거북이 사육이다. 거북이 요리는 사순절 음식으로 허용됐기 때문에, 그것의 사육은 상당히 경제성이 있었다. 실제로 많은 양의 거북이 등껍질이 빈 부근의 한 수도원에서 발견되었다.

그림엽서에는 사랑스러운 풍경만 있는 것이 아니다. 사람들이 특별히 강조하고 싶은 것, 예컨대 대규모 호변 공사, 도나우 수력발전소, 그리고 당시로서는 첨단 기술이었던 증기선과 심지어 산업단지 같은 것도 그 대상이 되었다. 사진으로 원하는 것을 다 표현할 수 없으면 과감하게 수정과 조합 기술을 적용하였다. 2차 세계대전 이후에는 기술적인 요소가 점차 사라졌다. 그 자리에 남은 것은 무엇보다 '자연'과 '낭만주의'이다.

* 오스트리아 발트피어텔(Waldviertel) 지역에 위치

낭만주의에 대해 부언하면 오스트리아의 최초 증기기계는 아이젠슈타트, 에스터하지 성*의 정원에 설치된 양수기이다. 이것은 멋진 인공폭포에 물을 끌어 올리는 용도로 사용되었다. 러시아의 니콜라우스 2세는 1803년 런던에서 와트의 특허품을 구매했고, 이듬해에는 그것을 자신의 기계박물관에 전시했다. 이런 일은 여러 면에서 유익했다. 대중의 감탄은 군주의 권위를 높였고, 정원의 물놀이 장치는 발전된 기술을 상징했다. 또한 위험성이 덜한 환경에서 새로운 발명품의 효용성을 확인할 수 있었다.

고전적인 '로쿠스 아모에누스(locus amoenus; 행복한 장소)'는 아름다운 풍경을 묘사하는 문학적 수사이다. 여기서는 주로 지역의 풍요와 천연자원이 묘사된다. 수많은 예가 있지만 나는 오래된 텍스트 하나를 선택했다.[19]

섬나라는 (영국)
과일과 나무가 풍부하고
가축과 동물을 키우기에 적합하다.
일부 지역에서는 포도가 생산되고,
뭍에서건 물에서건

* 오스트리아 부르겐란트(Burgenland)의 주도 아이젠슈타트(Eisenstadt)에 있는 에스터하지(Esterházy) 공작의 성

새 종류가 다양하고
강에는 물고기가 많고
많은 샘이 있어서 유명하다.
무엇보다 연어와 장어가
넘쳐난다.
종종 물개와
돌고래 그리고 고래도
포획된다. 이밖에 다양한
굴 종류가 나온다.
거기에는
빨간색, 주홍색, 히야신스 색
초록색, 무엇보다 하얀색
진주가 들어 있는
조개도 있다.
달팽이도 넘쳐난다.
거기서는 진홍색 도료를 추출한다.
너무 아름다운 이 붉은색은
태양의 빛도
비가 와서 씻겨도
바래지 않는다.
오래되면 오래될수록
더 아름다워진다.

여기에는 많은 염광천뿐 아니라
온천도 있다.
거기서 나오는 물은
남녀노소 모두가
떨어진 장소에서
각각 알맞게
온천욕을 즐기기에 좋다.
영국은 광맥이 풍부하다.
동. 철, 납, 은 외에도
양질의 흑옥이 대량
생산되는 나라다.
흑옥은 검은 보석으로서
불 속에 넣으면 연소되고
불에 타는 흑옥은 뱀을 쫓는다.
이것은 문지르면 열이 나고
호박옥처럼 안에 뭔가가 들어 있다.

이 시를 쓴 성 베다(Beda)*는 뉴캐슬 부근에 있는 재로(Jarrow) 수도원 밖을 나온 적이 거의 없다. 그는 문학적 모범(로

* 영국 베네딕트 수도회의 수도사, 신학자, 역사가. 성공회와 일부 개신교에서 성인으로 추앙됨, 672-735

쿠스 아모에우스)에 따라 이 텍스트를 썼는데, 흥미로운 것은 여기에 언급된 대상이다. 베다가 다채로운 색의 진주를 묘사한 것은 특이한 일이다. 지중해의 자색 달팽이를 묘사한 것은 영국이 고대 로마만큼 위대하다는 것을 보여주기 위해서인 것 같다. 베스(Bath)는 그가 있는 곳에서 보면 섬의 반대편 끝에 있다. 사람들은 예나 지금이나 거기서 여전히 온천을 즐긴다. 사람들은 흑옥을 보석으로 여겼다. 대 플리니우스*는 이미 오래전에 흑옥이 해충과 뱀을 퇴치하는 데 효과가 있다고 기록했다. 베다도 이 책을 읽었을 것이다. 전설에 따르면 패트릭 성인은 뱀으로부터 아일랜드를 해방시켰다. 베다는 영국에도 뱀을 퇴치할 수 있는 무기가 있다는 것을 보여주고 싶었을 것이다. 영국과 아일랜드 사이에는 활발한 교류가 있었고, 학식 있는 성직자들은 서로 경쟁했다. 전체적으로 볼 때 이 시는 베다가 자기 고향에 대한 일종의 초상화를 그리기 위해 여기저기서 가져온 글들을 모아놓은 것이다. 이렇게 문학적 전통을 따르는 것은 오늘날 우리 눈에는 독창성이 없어 보이지만 당시에는 품위 있는 일이었다.

수 세기 동안 사람들은 유익한 풍경을 '아름답다'고 생각했다. 그에 반해 황무지는 공포를 자아내는 곳이며, 금욕주의자나 모험가들에게나 어울리는 공간이었다. 이와 달리 실제 자연

* 로마의 학자, 행정가. 대표작 『자연사 Naturalis Historia』로 유명해짐, 24-79

과 비슷한 근대 풍경화의 초기 형태는 고대 로마 시대에 있었다. 그때도 자연의 가치는 일차적으로 유용함에 있었다. 로마의 상류층은 전문 서적을 읽고 비싼 단검을 차고 다니며 지방 호족 행세를 했다. 그들은 시골 저택 일부를 자신과 손님들의 기호에 맞게 개조하였다. 도시화가 진행되고 식민지로부터 많은 농산물이 유입되면서 사람들은 농촌을 낭만적인 대상으로 생각하기 시작했다. 우리는 벽화, 모자이크, 시 등에서 그 흔적을 찾을 수 있다.

> 인류의 시조처럼
> 모든 거래에서 벗어나
> 자기의 소로 아버지의 땅을 일구고
> 이자의 짐에서 벗어난
> 사람은 행복하다. (호라티우스)[20]

그러나 노역을 담당할 노예가 충분히 있어야 이런 일도 즐거운 것이다.

큰 변화를 가져온 것은 영국식 정원이었다. 이 정원은 아주 정교하게 조성되었음에도 어느 정도 야생의 자연을 느끼게 한다. 자연은 목가적인 전원으로 찬양됐다. 영국인들은 로마인처럼 목축업을 하기 위해 시골로 내려갔다. 그 결과 고전적인 농촌 풍경이 완전히 바뀌었다. 레오폴트 3세(Friedrich Franz

Leopold III.)*의 뵈를리츠(Wörlitz) 정원은 유럽 대륙에 불어온 새로운 유행을 보여주는 좋은 사례이다. 여러 차례 이곳에 체류했던 괴테는 슈타인 부인에게 다음과 같이 편지를 썼다.[21]

> 지금 이곳은 한없이 아름답습니다. 우리가 호수와 운하 그리고 숲을 거닐었던 어제 저녁 신들의 허락을 받은 제후가 주위를 온통 꿈의 세계로 만든 것을 보고 나는 크게 감동하였습니다. 그렇게 걷다 보면 세상은 누군가에게 읽어주는 동화와 같고, 완전히 엘리시움의 초원과 같습니다. 다양한 것들 중에서 어느 하나가 다른 것으로 흘러 들어갑니다. 어떤 높이라도 시선과 욕망은 한 곳에 머물지 않습니다. 사람들은 어디서 나와 어디로 가는지 묻지 않고 이리저리 배회합니다. 숲 덤불은 신록의 아름다움 속에 있고 모든 것은 순수하고 사랑스럽습니다.

당시 이곳에서 그린 괴테의 스케치도 남아 있다. 이 공원 한쪽에 있는 노이마르크 정원(Neumarksgarten)의 미로를 통과하면 '엘리시움(Elysium)'**이 나타난다. 다른 쪽에는 괴테가 죽은 뒤에 세워진 원형사원이 있는데, 그곳에는 메디치의 비너스상을 모방한 조형물이 서 있다. 메디치의 비너스는 기원전 1세기

* 안할트 데사우(Anhalt-Dessau)의 공작, 1740-1817

** 영웅과 덕 있는 자들의 영혼이 머문다는 마지막 휴식처이자 낙원

헬레니즘 시대의 대리석상을 모방한 것으로 고전주의의 미적 이상이 되었다.

괴테는 1779년 아이거 북벽(Eiger-Nordwand)* 아래의 라우터부루넨(Lauterbrunnen) 골짜기를 여행하면서 그곳의 풍경을 묘사했다. 당시 사람들은 등산을 하지 않았다. 19세기 알피니즘의 전성기를 주도한 것은 영국인이었다. '오스트리아 알프스 연맹'은 영국의 '알파인 클럽(Alpine Club)'이 결성된 뒤 5년 후에 조직되었다. 스위스 사람들은 처음에는 산악 안내나 셰르파 일을 했다. 산업사회에서 온 등산객들은 마지막 남은 유럽의 순수한 자연을 즐겼다. '아름다운 산'이란 관념이 생긴 것은 이때부터이다.

피서도 초기 산업화 과정에서 생긴 개념이다. 도시의 주민들은 한여름이 되면 '승합 마차'를 임대하여 온 가족이 시골로 떠났다. 마차를 소유한 부유층은 말과 마부만 빌리면 됐다. 나중에는 새로 놓인 철도를 따라 정주지가 생겨났다. 물론 철도를 건설한 것은 피서객을 위해서가 아니라 대부분 군사적인 목적 때문이었다. 하지만 철도는 편리하고 호사스러운 것이었다. 일부 유명 휴양지는 한때 폐광지대였다. 광산업은 값싼 미국산 은이 수입되고 상품의 유통이 활발해지면서 쇠퇴하였다. 예컨

* 스위스의 아이거 산(3970m) 북벽 중 하나, 1890m

대 키치뷜(Kitzbühel)* 알프스의 은광과 동광이 그런 경우이다. 소금 채광을 관리했던 캄머긋(Kammergut)은 합스부르크 제국의 재무성이 직접 관리하던 지역이다. 그래서 이 지역은 오늘날까지도 잘츠캄머긋(Salzkammergut)이라고 불린다. 이곳은 황실에게만 매력적인 곳이 아니었다. 최근 슈타이어마르크 지역의 철광산이 폐쇄된 이후 아이젠부르첸(Eisenwurzen) 알프스 지역**은 대대적인 광고에 힘입어 매력적인 관광지로 탈바꿈 했다. 내가 아는 한 독일에는 이와 유사한 사례가 없다.

오래된 역사의 짧은 의미. 우리가 '아름다운' 풍경이라고 내면화한 것은 자연과 별로 관계가 없다. '순수한' 자연이라고 느끼는 것의 대부분은 우리가 수 세기 동안 개발해 온 것의 결과물이나. 이것은 생태 환경에 매우 심각한 문제이다. 왜냐하면 우리는 다음과 같은 질문을 회피할 수 없기 때문이다. '우리가 지키려는 것이 도대체 무엇인가?' '우리에게는 어떤 층위의 시간이 중요한가?' 우리가 '고향과 같고' '아름답다고' 느끼는 것은 수많은 체험의 연관 관계에 의해 결정된다. 그 중에서도 특히 유년기의 체험이 중요하다.

야생의 자연은 더 이상 유럽에 남아 있지 않다. 보호 대상인 '원시림'은 의도적으로 경작지에서 제외시킨 구역이다. 전문

* 오스트리아 북동부 티롤 지방, 동계 스포츠 휴양지로 유명함.

** 오스트리아 중부 석회암 지형 알프스의 한 부분

그림 12 그문덴 부근 그뤼베르크(Grüberg bei Gmunden)의 숲은 사람의 손이 닿지 않은 순수한 자연처럼 보이지만 심각한 위협을 받고 있다. 호수 쪽에서 진행되는 개발은 자주 위험한 산사태를 초래하는데, 복구 비용이 무려 수십만 유로에 달한다.

가들은 이 원시림의 변화과정을 관찰하고 있다. 노이지들러 호수(Neusiedlersee)*의 목초지를 다녀간 사람들은 관리된 풍경을 보고 종종 실망을 금치 못한다. 하지만 이 초지를 관리하지 않고 방치하면 보기 흉한 황무지로 변해버릴 것이다. 그러면 곤충과 조류의 다양성도 사라지게 된다. 게다가 초지는 사라지고 흉측한 수풀만 무성하게 되면 이곳은 관광지로서 매력을 잃게

* 오스트리아, 헝가리 접경지대에 있는 호수

된다. 요즘에는 비싼 가격에도 불구하고 친환경적으로 키운 쇠고기를 찾는 사람이 다시 늘어나고 있다.

오늘날 사람들은 가능한 관리를 하지 않은 자연적인 요소를 더 선호한다. 여기에는 생태학이나 낭만주의보다 경제가 더 중요한 요인으로 작용한다. 왜냐하면 인건비가 너무 올랐기 때문이다. 인간이 조성한 자연은 지속적인 관리가 필요하다. 그렇지 않으면 산사태나 눈사태와 같은 위험이 인간을 위협하게 된다.(그림 12)

사람들은 가능한 관광산업이 자연에 미치는 영향을 줄이기 위해 여러모로 노력한다. 하지만 해당 지역에 있는 관광 당국은 '자연'에 대해 전혀 관심이 없다. 티롤 지방 사람들이 가장 좋아하는 가축은 돈을 짜낼 수 있는 관광객이다. 골짜기와 마을 전체는 디즈니랜드와 유사하다. 티롤 지방의 로이타쉬(Leutasch bei Seefeld)에 유일하게 남아 있는 전통 농가는 관광객들을 위해 지은 화려한 건물들 사이에 끼여서 우스꽝스럽게 보인다. 오래된 다른 가옥들도 전시물이 되어 버렸다. 왜냐하면 더 이상 그곳에서 살 수도, 일할 수도 없기 때문이다.

자연의 아름다움도 복잡한 문화의 산물이다. 의미 부여는 형상이 아니라 그것을 바라보는 눈에 의해 좌우된다. 이 눈은 교육의 결과이다. 사람은 (겉으로 보기에) 익숙한 것을 찾거나 혹은 (위험하지 않은) 이국적인 것을 찾는다. 쇠락한 지역이 갑자기 명소가 되는 경우가 있다. 그런 곳에는 '아름답고' 오래된 자연, 건물 그리고 예술품이 잘 보존되어 있기 때문이다. 이런 현상은 수백 년 전부터 있어 왔다. 빈쉬가우(Vinschgau, Val Venosta)* 계곡은 브렌너(Brenner)**, 레쉔(Reschen)*** 그리고 쿠르(Chur)**** 관통 도로 쪽으로 교통 루트가 바뀔 때마다 매번 세간의 이목을 끌었지만, 다시 관심 밖으로 사라졌다. 그래서 이곳에는 귀한 예술품이 많이 남아 있다. 왜냐하면 오랜 기간 새로운 것이 유입되지 않았기 때문에 예술품들은 오래된 것의 아우라를 갖게 됐다. 메라노(Merano)***** 남쪽 라나(Lana)의 농부들은 한때 자신들의 뜻을 관철한 적이 있다. 그들은 사제가 멋진 접이식 제단을 바로크 양식으로 교체하려고 하자 이에 완강히 반대했다. 빈쉬가우 남단 경사면의 초지 사이에는 드문드문 갈색의 메마른 땅이 보인다. 이것은 힘에 부쳐 더 이상 일을 할 수 없는 농부들이 방치한 곳들이다.

우리가 자연 속에서 어떻게 움직이냐에 따라 우리의 인상은 결정적으로 변한다. 빨리 움직이면 그만큼 지평은 좁아진다. 마운틴바이크를 타고 갈 때 우리는 풍경보다 길을 더 주시한다. 시선의 축이 특히 중요하다. 집중적인 관리가 필요한 공

* 이탈리아 남부 티롤 지방 에취탈(Etschtal) 계곡의 상단부

** 북부 이탈리아 도시

*** 오스트리아, 이탈리아 접경 도시

**** 스위스 그라우뷘덴(Graubünden) 칸톤의 수도

*****북이탈리아 남부 티롤지방의 도시

원과 영국식 정원의 설계사들은 이 사실을 알고 있었다. '발트피어텔(Waldviertel)'*은 숲으로만 이루어지지 않았다. 이 지역을 지나다 보면 지명과 달리 단지 크고 작은 숲들만이 띄엄띄엄 눈에 들어온다. 사람들은 이 풍경 안에 성, 수도원, 순례자를 위한 교회와 같은 고정 포인트를 배치하였다. 아름다운 자연은 다 나름의 역사가 있다. 관광협회의 웹사이트에는 이런 내용이 들어 있지 않다.

이번 장의 메시지는 다음과 같이 요약할 수 있다. 특정 지역의 아름다움은 개인이 만들어낸 것이 아니다. 그것은 여러 사람과 그들의 이해가 상호작용하여 형성된 것이다. 구속력 있는 규범이란 없다. 모든 사람은 눈이 주변 환경에 익숙해지는 적응 과정을 거친다. 이를 통해 지각과 환경은 계속 변하게 된다.

* 지명의 원래 뜻은 '숲지대'

미와 예술

착각을 유발하는 인상

어린 시절 나는 철둑 옆으로 난 좁은 길 하나를 발견한 적이 있다. 그 아래에는 작은 정원들이 한 줄로 나란히 있었고, 그 뒤편에는 오래되어서 그런지 잿빛으로 퇴색한 고층 아파트들이 쭉 들어서 있었다. 평소에 나는 늘 그 밑으로만 다녔기 때문에 그 건물이 있는지 몰랐다. 그런데 어느 날 이 건물의 '화려한' 모습이 내 눈앞에 나타났다. 창문이 난 벽과 발코니가 있는 벽이 체스판처럼 번갈아 교체됐다. 여러 선로가 지나가는 여기를 고향마을로 생각하는 철도원들이나 혹은 값싼 아파트를 찾는 사람들이 이곳에 산다고 생각했다. 그러던 어느 날 황량한 건물 외벽에서 다채로운 플라스틱 조화로 장식된 베란다를 보았다. 나는 그런 꽃을 싫어했다. 하지만 그것은 창의적인 저항을 시도하는 순수한 행위였다. 거기에는 내 이상과는 맞지 않지만 적어도 공감할 수 있는 아름다움이 있었다. 이 경험은 나의 안목을 완전히 바꿔놓았다. 그 이후로 나는 절대적인 미의 이미지

대신 사람들이 아름답다고 생각하는 것을 어떻게 이해하며, 어떻게 그것과 소통하는지를 알려고 노력했다.

주의를 기울이면 이런 이야기는 더 있을 수 있다. 나는 평범한 아주머니 한 분과 알고 지낸 적이 있다. 자식들이 출가한 뒤 일을 시작한 그녀는 첫 월급으로 정원용 난쟁이 조형물을 샀다. 그녀는 나에게 조형물 하나를 선물하려고 했다. 나는 어떻게 거절해야 그녀가 마음이 상하지 않을까 고심하다가 진실을 말하였다. 그러자 그녀는 아무 문제 없이 나의 취향을 받아들였다. 그러나 나는 서로의 처지가 금방 역전될 수 있다는 것을 깨달았다. 타인의 취향에 대해 관용적이지 못한 사람은 바로 예술사를 공부한 나 자신이었다.

또 다른 일화가 하나 더 있다. 한동안 나는 매주 빈 숲의 남쪽 비탈길을 차를 타고 다녔다. 그곳은 2차 세계대전 이후 가난한 사람들이 정착한 동네이다. 드물게 다니는 우편 버스 외에 다른 대중교통 수단이 없었기 때문에 그곳은 땅값이 쌌다. 그래서 초창기 주민 중에는 이른 시간에 차를 타고 나갈 수 있는 택시 기사들이 많았다. 성냥갑 같은 작은 가옥들은 오직 주거 목적에만 충실했고, 마당에는 꽃과 채소들이 자랐다. 20세기가 끝나갈 무렵에 변화가 일어나기 시작했다. 어떤 집 외벽은 그을린 검은 나무판자를 붙여서 멀리서 보면 목골 가옥처럼 보였다. 어떤 사람은 자재상에서 투박한 기둥을 사서 입구의 계단을 장식했다. 십자형 창살이 사라지고, 창문에 스티커를 붙이는 유행이 불었다. 그리고 텃밭에서 키우던 채소는 사라지고, 대신 외래종 화초가 들어왔다. 여유 있는 사람들은 이제 집을 '아름답게' 꾸미기 시작했다. 이것 또한 시각적인 수단으로 삶의 느낌을 표현하는 방식이다. 그런데 이런 식의 '예술' 표현에 대해서는 일부 민속학자만이 관심을 기울인다.

정신과 의사 나브라틸(Leo Navratil)*은 환자들을 독려하여 스스로 자신의 모습을 그리게 했다. 그는 모르겐탈러(Walter Morgenthaler)**의 고전적인 사례를 알고 있었을 것이다. 1921년 모르겐탈러는 정신 질환을 앓고 있던 예술가 뵐프리(Adolf Wölfli)***의 사례를 근거로 창의적인 작업이 주는 치유 효과에 대해 발표하였다. 프랑스 화가 뒤뷔페(Jean Dubuffet)****는 1948년 파리에서 뵐프리의 스케치를 전시했다. 나브라틸 정신병원*****의 환자들이 그린 그림은 뵐프리의 그림과 유사했다. 이것은 세간의 관심을 불러일으켰다. 이 그림들은 2차 세계대전 이후 현대 예술의 중심지인 '성 스테판 옆 갤러리(Galerie nächst St. Stephan)'******에서 전시되었고, 지금은 구깅에 있는 아

* 오스트리아 정신과 의사, 구깅 정신병원 근무, 1921-2006

** 스위스 정신과 의사 및 심리치료사, 1882-1965

*** 스위스 조형예술가, 작곡가, 시인, 1864-1930

**** 프랑스 화가, 조각가, 행위예술가. 전후 프랑스 예술을 대표하는 예술가에 속하며, 아트 브뤼 개념을 창안하였음, 1901-1985

***** 빈 근교 클로스터노이부르크 구깅(Gugging bei Klosterneuburg)에 위치

****** 빈 도심에 위치한 예술 갤러리

르 브뤼(Art Brut)* 전용 박물관에서 관람할 수 있다. 나브라틸은 '독일어권의 예술과 표현을 위한 정신병리학 협회(DGPA)'로부터 상을 받았다. 이 협회의 수상자 중에는 프랑클(Viktor Frankl)**, 링엘(Erwin Ringel)***, 흐르드리치카(Alfred Hrdlicka)****와 같은 유명 인사들이 있다. 흐르드리치카는 전쟁과 파시즘에 반대하는 기념비를 제작한 조각가이다. 그의 조형물은 빈의 알베르티나 광장에 세워져 있다. 학대받는 인간의 몸을 표현한 그의 그래픽과 그림은 보는 순간 역겨움을 불러일으킨다. 하지만 작품에 집중하면 우리는 거기에 사로잡혀 심한 내면의 충격을 받는다. 그의 모든 작품에는 서사가 들어 있다. 그런데 그 이야기는 끝이 없다. 그의 작품은 다 아름답지 않다. 이 생각에 동의하지 않는다면 미의 개념을 극단적으로 바꿔야 할 것이다. 이런 점에서 볼 때 아름다움이란 사회 현상에 대해 미적으로 반응하는 것이다. 이 미적 반응은 사회 현상에 대한 창의적인 논의이며, 동시에 이 논의를 가능하게 만든다.

* 원생미술 혹은 원시미술로 불리며, 초보자, 어린이, 정신질환자 및 장애자, 아웃사이더의 거칠고 다듬어지지 않은 예술 작품을 통칭함.

** 오스트리아 신경외과 의사, 정신과 의사. 의미치료(Logotheraphie)와 실존분석의 창시자, 1905-1997

*** 오스트리아 신경외과 의사, 정신과 의사, 자살 연구가 및 개인심리학자, 1921-1994

**** 오스트리아 화가, 조각가, 시인, 배우, 1928-2009

아름다운 언어

처음부터 예술은 미와 아무런 관계가 없었다. 굳이 상관이 있다면 그것은 예술이 작품을 대할 때마다 미를 새롭게 정의하고, 논란이 될 때마다 다시 정의를 내린다는 점이다. 전통적 의미의 미는 감상자가 예술 작품의 표면에 머물게 만든다. 그러나 미는 이미지를 구성하는 요소나 혹은 그 이면에 존재하는 이념에 눈을 돌리게 하는 수단이기도 하다. 예술의 경험은 대부분 소리 없는 감탄으로 시작된다. 이것은 예술과의 만남에서 가장 아름다운 단계이다. 그다음에는 해석의 시도가 이어진다. 하지만 이 과정은 종결되지 않고 계속 새로운 해석의 관점을 허락한다. 비유적인 어휘를 잘 파악하면 가끔은 쉽게 해석할 수 있지만, 훌륭한 작품의 경우에는 이 해석의 과정이 끝없이 진행될 수 있다. 독자가 열린 마음과 모든 것을 수용할 자세로 예술과 만나면 충격이 발생할 수 있다. 이것이 바로 아리스토텔레스가 카타르시스라고 부른 그 과정이다. 이 충격의 체험은 파울 첼란(Paul Celan)*의 시처럼 끔찍하게 아름다울 수 있다.[22]

* 유태계 독일 시인, 20세기 대표적인 시인 중 한 사람이며, 언어와 소통 그리고 홀로코스트 체험을 주요 주제로 삼음, 1920-1970

새벽의 검은 우유는 너를 마신다 밤에
우리는 마신다 너를 점심에 죽음은 독일에서 온 대가
우리는 마신다 너를 저녁에 또 아침에 우리는 마신다 또 마신다
죽음은 독일에서 온 대가 그의 눈은 파랗다
그는 너를 맞힌다 납 총알로 너를 맞힌다 정확하다
한 남자가 집 안에 살고 있다 너의 금빛 머리카락 마르가레테
그는 우리를 향해 자신의 사냥개를 몰아댄다 그는 우리에게 공중의 무덤 하나를 선사한다
그는 뱀을 가지고 논다 또 꿈꾼다 죽음은 독일에서 온 대가.

내 생각에 이런 텍스트는 여태까지 추상적이었던 관념에 고통스러운 생명력을 불어넣는다. 그러면 감정 전체의 매듭이 풀리고 지금까지 말로 표현하지 못했던 것을 느끼게 된다. 이를 통해 막연히 피상적이던 생각이 '정화'될 수 있다.

20세기 나치의 반인륜적 범죄 이후에도 '아름다운' 예술은 과연 계속 존재할 수 있을까? 이에 대한 논쟁은 당시 시대 상황에 비추어 볼 때 이해할 수 있지만, 본질적인 것을 간과하고 있다. 아도르노*는 더 이상 시를 쓸 수 없다고 주장했지만 시는 늘 존재하고, 존재해야 한다. 폰 드로스테 휠스호프(Annette

* 독일의 철학자, 사회학자, 음악학자, 프랑크푸르트 학파의 비판이론을 대표하는 학자, 1903-1969

von Droste Hulshoff)*, 릴케(Rainer Maria Rilke)**, 부쉬(Wilhelm Busch)***, 첼란(Paul Celan), 키르쉬(Sarah Kirsch)****는 성격이 전혀 다른 시인들이다. 이 중에서 누구를 선택하건 예술성이 뛰어난 시는 결코 '단순하게' 아름다운 것이 아니다. 이 시들로 인해 미의 개념은 새로운 내용을 획득한다.[23]

밤이 손가락을 뻗으면
집 안에서 나를 발견한다.
그리고 내 책상 아래 앉아
기어 다니며 커진 몸을 꼰다.
그리고 연기가 공간 안을 헤엄쳐다니다
내가 쉽게 파괴할 수 있는
아름다운 나무로 자란다. -
나는 새 담배를 피운다, 그리고
내 사랑하는 친구들을 다
손가락으로 세어 본다.
나는 손가락이 너무 많다.

* 독일 여성 작가 및 작곡가, 1797-1848

** 오스트리아 시인, 사물시(Dinglyrik)를 통해 모더니즘의 대표적인 시인 중 한 사람으로 손꼽힘, 1875-1926

*** 독일 화가 및 만화가, 1832-1908

**** 독일 여성 작가, 1935-2013

친구는 몇 남지 않았다.
밤은 손가락을 뻗으면
집 안에 있는 나를 발견한다.
연기가 빈 공간을
헤엄쳐 다니다
나무 한 그루로 자란다.
거기에는 말의 잎이 가득 달려 있다.
금방 말라버린 작은 배들은
나뭇가지 속에 떠다닌다.
내가 이제 더이상 탈 수 없는 작은 배들
(사라 키르쉬)

평범한 시도 슈베르트나 다른 음악가를 만나면 음악이 되고 심오한 깊이를 얻게 된다.[24]

마을 저편에 손풍금을 연주하는 노인이 서 있어
곱은 손으로 힘껏 손풍금을 연주하고 있네
얼음 위에 맨발로 서서 이리저리 비틀거리네
조그마한 접시는 언제나 텅 비어 있고
아무도 들어주지 않고 아무도 쳐다보지 않네
개들은 그를 보고 으르렁거리지만
그는 모든 걸 원하는 대로

내버려 두네
오로지 연주를 계속할 뿐, 그의 손풍금은 멈추질 않네
기이한 노인이여, 내 당신과 동행해도 될는지?
내 노래에 맞추어 당신의 손풍금으로 반주를 해줄 순 없는지?

텍스트에서 '아름다운' 것은 무엇일까? 이 질문은 시학의 문제가 아니라 그냥 촌평에 가까운 것이니 독자들은 어렵게 생각할 필요가 없다. 모든 것은 빠르게 변한다. 청소년기에 좋아했던 시를 다시 읽으면 형편 없거나 너무 격정적이라는 생각이 간혹 들 때가 있다.

많은 사람들은 언어의 리듬이 매우 중요하다고 말한다. 리듬은 텍스트를 '노래처럼 부를 수' 있게 하고 그것을 기억할 수 있게 만든다. 산문 텍스트를 암기해 본 적이 있는가? 그것은 매우 어렵다. 시는 그냥 '읽어 내려가선' 안 된다. 리듬은 종종 멋진 타악기처럼 뒤로 물러나 있고, 시를 낭송하는 사람은 의미의 연관 관계에 따라 텍스트를 구조화한다. 현대시나 산문도 언어의 리듬을 갖고 있다. 젊은 작가가 낯선 리듬을 선보이면 독자나 비평가는 당황한다. 그래도 괜찮다. 나는 나쁜 텍스트가 존재한다고 주장한다. 그런 텍스트는 삼키기 어렵거나 혹은 아무 생각 없이 넘기는 죽과 같다.

사람들은 여전히 시의 운을 고집한다. 독일어는 다른 언어에 비해 어미가 동음으로 끝나는 경우가 매우 적기 때문에 라임을 만드는 사람들에게는 그다지 매력적인 언어가 아니다. 꽤 이름 있는 작가도 운을 맞추려고 “Ein Wiesel saß auf einem Kiesel inmitten Bachgeriesel. Wisst ihr weshalb? Das Mondkalb verriet es mir im Stillen: Das raffinierte Tier tat's um des Reimes willen.(족제비는 자갈돌 한복판에 앉아 있다. 왜 그런지 아세요? 달 속의 송아지가 내게 속삭인다. 저 교활한 짐승이 운을 맞추기 위해서라고.)”[25]와 같은 시를 쓴다. 이렇게 각운을 맞춰 본 사람은 반복되는 각운 때문에 낭패를 볼 수 있다는 것을 알고 있다. 괴테도 각운을 맞추기 위해 가끔 작센 사투리를 사용했는데, 각운에 맞춰 그의 시를 읽으면 금방 알 수 있다. 이밖에 각운은 기억의 기능도 갖고 있다. 왜냐하면 운율은 쉽게 잊히지 않기 때문이다. 하지만 그렇게 될 수도 있다. (헤르타 뮐러)[26]

> 내 조국은 사과의 씨다. 사람들은 초승달과 별 사이를 방황한다. 그래, 누군가 심문을 받게 됐다면 그는 조국에 소환된 것이다. 각운은 잘 알고 있었다. 나는 단어를 가지고 생각의 연습을 하면서 알게 됐다. 시적인 것은 현실적이며 빛나는 모습으로 우리의 삶이 얼마나 비루한지를 아주 잘 보여 준다는 것을.

이렇게 수많은 문체가 가능하다. 이것들은 대부분 음악과 공통점이 있다. 나는 책을 읽을 때 텍스트가 소환하는 이미지에 매달린다. 이 이미지는 두운의 연속되는 음과 형용사들로

채색된다. 독재를 경험한 뮐러에게 언어의 이미지는 실존의 문제였다. 하지만 시적인 텍스트는 독자에게 어느 정도 자유를 허용한다. 말하지 않은 것이나 모호한 뉘앙스 역시 아름다움을 만들기 때문이다. 전체적으로 이러한 이미지들은 놀라울 정도로 정교하다. 왜냐하면 그것은 달리 보여줄 수 없는 것을 표상하기 때문이다. 예술 작품을 어떻게 수용하건 이 과정은 모두 취득이자 재창조이다. 마이(Karl May)*는 가본 적이 없는 생면부지의 풍경을 아주 완벽하게 형상화했다. 나이 많은 독자들 중에는 그 악명 높은 풍경 묘사를 기억하는 사람이 있을지 모르지만 우리는 그것을 생각 없이 지나쳐버릴 것이다. 이와 달리 '사실주의자'인 슈티프터의 작품을 읽을 때 (정독을 하건, 생각 없이 그냥 읽건) 독자들은 자기만이 상상할 수 있는 자유로운 공간을 여러 곳에서 찾을 것이다. 슈티프터가 묘사한 풍경을 이미 알고 있으면 작품을 이해하는 데 도움이 되겠지만, 그 풍경에 생경한 함부르크 사람도 그의 작품을 읽을 수 있다.

* 독일 모험소설 작가, 가장 많이 읽히고, 가장 많이 번역된 독일 작가로 알려짐, 1842-1912

예술과 키치

미가 폭력적인 권력에 의해 악용된 것은 20세기만의 일이 아니다. 과거의 권력자들은 훌륭한 예술가의 도움을 받아 새로운 경향을 주도했다. 반면 히틀러와 스탈린의 파시즘운동은 반동적인 취미를 선호했고, 이를 위해 권력에 충성하는 이류 예술가들을 동원했다. 히틀러의 『나의 투쟁』[27]에 나오는 구절이 그 전형을 보여준다. "고대 그리스의 미적 이상을 영원하게 만드는 것은 뛰어난 육체의 아름다움 그리고 빛나는 정신과 고귀한 영혼의 경이로운 결합이다." 이 문장은 '신체 단련'을 위한 교육 지침이라는 장(章)에 실려 있다. 1945년 패전 이후에도 나는 김나지움에서 계속 이와 비슷한 교육을 받았다. 다행히 나는 체조 과목에서 2점(우) 이하는 받지 않았다. 나는 '아름답지' 않았고 신체적으로도 '유능한' 학생이 아니었다. 그래서인지 체육 선생님은 나의 '빛나는 정신'에 대해서는 별로 관심을 보이지 않았다.

국가 이데올로기에 봉사하는 예술은 키치에 가깝다. 이렇게 정의를 내리면 더 이상 논의할 것이 없다. 나는 키치를 어떻게 생각할까? 간단히 말해 키치는 예술인 척 하지만 어떠한 긴장도 주지 않고, 어떠한 수수께끼도 내지 않으며, 어떠한 이야기도 하지 않는다. 그것은 보여주는 것, 그게 전부이다. 나는 모더니즘 예술의 모습을 띤 것들 중에서 특히 '건축물에 의무적으로 설치해야 하는 예술품(Kunst am Bau)'을 키치라고 부른다.

하지만 빈의 플로리즈도르프(Floridsdorf)*에 있는 대그 함머르셸드 호프(Dag-Hammarskjöld-Hof) 외벽에 설치된 모자이크는 예외이다. 이것은 귀터스로(Albert Paris Gütersloh)**의 제자이며 훗날 '빈의 환상적 리얼리스트'로 불리게 된 렘덴(Anton Lehmden)과 후터(Wolfgang Hutter)가 1956년부터 1960년까지 작업한 작품이다.

그라피티는 많은 사람을 짜증나게 만든다. 적어도 피해를 본 건물주는 말할 것도 없다. 하지만 가끔은 어떤 스프레이를 뿌려도 환영받는 흉물스러운 벽이 있다. 영국의 거리 예술가 밴스키(Bansky)가 건물 벽에 작품을 남기면 그 건물주는 매우 기뻐할 것이다. 일부 지역에서는 아이들을 동원하여 황량한 지하도 벽을 아름답게 꾸미기도 한다.

과거로 돌아가면 사정은 달라질 수 있다. 예컨대 부셰(Francois Boucher)***의 소품 '쉬고 있는 소녀'는 뮌헨의 알테 피나코텍(Alte Pinakothek)****과 쾰른의 발라프 리하르츠 박물관(Wallraf-Richartz-Museum)*****에 각각 전시되어 있다. 모습이 거

* 빈의 21번째 구

** 오스트리아 화가 및 작가, '환상적 사실주의 빈 학파'의 정신적 지도자, 1887-1973

*** 프랑스 화가, 만화가, 동판화가, 루이 15세의 궁정화가, 1703-1770

**** 1836년 개관한 예술 박물관, 중세부터 18세기 중반까지의 회화 작품을 소장.

***** 쾰른의 가장 오래된 박물관이며 전 세계에서 중세 회화 작품을 가장 많이 소장.

의 일치하는 두 작품은 선정적이지만 고전적이다. 이 작품은 그림뿐 아니라 그림 속의 여자아이를 원하는 '고객'을 위해 제작된 것이다. 이 작품의 모델 오머피(Louise O'Murphy)는 훗날 루이 15세의 정부가 되었다. 오늘날 이 그림은 어느 장르에 속할까? 이것은 말 그대로 포르노그래피이다.

도발적으로 말하면, 예술박물관에 전시된 정원용 난쟁이 조형물은 예술이 될 수 있다. 박물관에 전시하게 되면 그것에 대해 많은 질문이 쏟아지기 때문이다. 파베르제(Peter Gustav Faberge)*의 날갿은 어디에 전시되건 키치이다. 러시아 혁명으로 인해 차르 왕정이 무너질 때까지 1885년에서 1917년 사이에 생산된 이 달갿은 무의미한 고가의 사치품에 불과하다.

소박한 주택과 권력사의 궁전 사이에는 어떤 차이가 있을까? 후자가 장인의 작품이라는 것이 유일한 차이점인가? 역사적으로 흔하지는 않지만, 리히텐슈타인의 요한 아담 1세(Johann Adam I.)**와 같은 군주는 소형주택의 주인처럼 자신의 궁전을 직접 설계하였다.

예술은 능력에서 나오지만 그렇다고 기술 하나만으로 되는 것은 아니다. 예술에는 기술 외에 항상 아이러니, 이중성, 위

* 러시아의 금세공사, 보석상, 1814-1920

** 오스트리아 지방 귀족, 1662-1712

트가 담겨 있다. 허스트(Damien Hirst)*의 해골은 단순히 값비싼 캐리커처가 아니다. 웨이웨이(Ai Weiwei)**의 옥 가공품은 예술가인 작가가 직접 만든 것이 아니라 기술자들이 제작한 것이다. 하지만 그렇게 만든 고가의 일상품과 수갑의 '아름다움'은 위트와 깊은 의미가 없으면 존재할 수 없다. 중국의 예술가이자 반체제 인사 웨이웨이는 한편으로는 비용을 많이 들여 일상 문화를 비웃고 그것과 거리를 두었지만, 다른 한편으로는 수감될 때 손목에 찼던 수갑을 성스러운 것으로 만들었다.

예술을 규정하는 사람은 누구인가? 예술사라는 학문은 우리의 시선을 예리하게 만들지 모르지만, 대학이 예술사를 지향하던 시대는 이미 오래전에 끝났다. 교육기관이 기술과 모범을 전달하는 기능을 하고 있지만, 이제는 거기에서 벗어나야 한다. 많은 예술가들은 그런 것과 무관하게 작품 활동을 한다. 기술 복제 시대에 기술은 도구가 될 수 있지만 그렇다고 그것이 기준이 되는 것은 아니다.

예술을 결정하는 것이 무엇이냐는 질문에 대해 가장 많이 듣는 대답이 바로 '시장'이다. 그렇다면 시장은 무엇인가? 사람들은 어떻게 그곳에 진입하고, 그곳에서 어떻게 성공을 거두는가? 시장은 개별 행위자들이 내리는 결정의 총합이다. 일반 사

* 영국 화가, 조각가, 전시가, - 1965

** 중국 조각가, 개념작가이며 인권운동가, 반체제 작가로 활동, 1957-

람은 대부분 그 기준을 잘 모른다. 시장에서는 많은 전문가들이 구매를 한다. 그들은 자기 책임하에 공적자금이나 기업의 돈을 사용한다. 공무원들은 무명 예술가를 장려하기 위해 그들의 최근 작품을 구매하며, 박물관 관계자들은 수집 목적에 부합하거나 장래성이 있다고 생각되는 작품을 구매한다. 기업에서는 회사의 이미지 제고와 투자가치를 고려한다. 회사 CEO가 그림 앞에서 자기를 연출하면 누가 그림을 관심있게 보겠는가? 그림이 방해 요소가 돼서는 안 된다. 그림은 특정한 이미지를 돋보이게 해야 한다.

결정적인 것은 예술가와 수집가 사이의 개인적 관계이다. 예술가의 작업실을 방문할 때 중요한 것은 개인적 관심이다. 소수의 수집가들은 손해를 감수하고 작품을 구매한다. 그런데 소장품을 장기 보관하려면 비용이 많이 든다. 그래서 일부 수집가는 이 목적에 맞는 장소가 나타나면 작품을 기증한다. 혹은 공공 기관에 고가로 판매하기도 한다. 적어도 이런 일은 원칙적으로 공적 감시하에 이루어진다. 이런 작품의 구입을 반대하면 '현대 예술의 반대자'라는 엄청난 비난을 받는다. 하지만 현대 예술을 정의하는 사람은 소수의 부유한 수집가들이다. 이런 점에서 고전적인 후원자들의 역할이 더 투명했다. 미국의 박물관에는 그림 옆에 스폰서의 이름이 적힌 명패가 붙어있다.

시장에서는 미에 대해 거의 말하지 않는다. 오늘날 작품의 아름다움을 찾는 곳은 거의 없다. 이보다 더 중요한 것은 예술가의 국제적인 명성이다. 유명한 수집가가 그의 작품을 얼마나 구입했는지가 그것을 결정한다. 불합리한 부분이 없지 않지만 이에 대한 고민은 전문가들에게 맡기는 것이 좋을 것 같다. 그런데 전문가들은 대부분 이런 고민을 하지 않는다. 그렇게 하면 그들의 안정된 기반이 흔들리고 시장 가치도 잃을 수 있기 때문이다.

'종교 예술 시장'은 오랫동안 비교적 안정적이었다. 하지만 오래된 예술 작품을 보유한 수도원과 교회는 '부유'해지지 않았다. 예술 작품을 보존하고 관리하기 위해서는 비용이 많이 들고, 문화재 보호 규정 때문에 매매도 제한된다. 양차 세계대전 사이의 시기처럼 경제 사정이 아주 나빠지면 예술 작품은 종종 국외로 밀반출된다. 자이텐슈테텐(Seitenstetten)*에서 발견된 오토대제 시대의 상아 부조는 여러 경로를 거쳐 뉴욕 메트로폴리탄 박물관에 소장되어 있다. 초대 대주교였던 비히만 폰 막데부르크(Wichmann von Magdeburg)**가 그것을 자이텐슈테텐으로 옮겨 놓은 것 같다. 오스트리아의 한 지방전시회 주최 측이 이 부조를 전시회 포스터 사진으로 선정했지만, 정작 그 작품은 전시하지 못했다. 왜냐하면 운송료, 보험료, 대여료가 너무 비싸기 때문이다. 현대의 종교 예술품은 세속적인 예술품보다 더

* 오스트리아, 저지 오스트리아 주의 도시

** 1154-1192 막데부르크 대주교, 1116-1192

큰 위기에 처해 있다. '전문가'의 기준에 부합하면서, 동시에 '전문 지식이 없는' 사람들에게도 호소력을 가져야 하기 때문이다. 그것은 거의 해결할 수 없는 과제이다.

미는 역사적으로 오랫동안 중요하고 당연한 표현 수단이었다. 비너스와 마리아는 아름답다. 이들은 일반인과 전혀 다르다. 성인뿐 아니라 순교자도 아름답기는 마찬가지이다. 튀링겐의 엘리자베스(Elisabeth von Thüringen)*는 귀족 신분임에도 불구하고 불철주야 고된 노동을 했다. 그런 그녀를 보고 친척들이 부끄러워했다는 것은 잘 알려진 사실이다. 하지만 나병환자를 돌보는 그녀의 그림은 아름답다. 벨라스케스(Diego Velázquez)**의 '시녀들(Las Meninas)'에 등장하는 응석받이 공주도 아름답다. 화가는 그림 뒤편의 거울에 어렴풋이 보이는 왕과 왕후를 당당하게 바라보고 있다. 삼 년 뒤 벨라스케스가 그린 '마르가리타 공주(La Infanta Margarita)의 초상화'에 혼자 서있는 공주는 더 이상 아름답지 않다. 그 아이의 엄마이자 황제 페르디난드 3세의 딸인 안나는 늙어가기 시작하고, 공주의 아버지도 그다지 멋있어 보이지 않는다. 궁정화가는 일반적인 기대에 맞게 이 두 사람을 상투적인 지배자의 모습으로 묘사하였

* 헝가리의 공주, 독일 튀링겐 백작 부인, 가톨릭 성녀로 추앙, 1207-1231

** 스페인 바로크 화가, 펠리페 4세의 궁정화가, 현대 미술에 큰 영향을 미침, 1599-1660

다. 오늘날에도 정치인을 상대하는 사진작가들은 규정을 준수해야 한다. 이를 어기면 문제가 생길 수 있다. '가면(Maske)'은 많은 사람들에게 중요하지만, 안전상 아름답다는 말은 하지 않는다.

예술에는 아름다운 것이 많다. 하지만 오직 아름다운 것만 보이려는 예술은 없다. 이로써 우리는 다시 우리의 핵심 주제로 돌아왔다.

제3부

미와 소통

명제

먼저 내 테제에 대한 도발적인 설명이 필요하다. 이것이 너무 철학적이라고 생각되는 사람은 일단 사례부터 보기 바란다. 그러면 나의 의도를 이해하게 될 것이다. 오늘날 사람들이 '아름다움'을 어떻게 생각하는지에 대해서는 끝에 가서 언급하겠다.

> 내 명제는 다음과 같다. 나를 이해하려는 사람은 내 명제를 두루 살펴보고 섭렵한 뒤에 그것을 뛰어넘게 된다. 그러면 내 명제가 무의미하다는 것을 인식하게 될 것이다. (사다리를 타고 올라온 뒤에는 그것을 치워버려야 한다.) 그는 이 명제를 극복해야 한다. 그러면 세계를 제대로 보게 될 것이다. (비트겐슈타인)[28]

우리는 앞에서 사람들이 미를 어떻게 이해하는지 그리고 다른 사람들은 그것을 어떻게 생각했는지 간략하게 설명하였다. 나는 내 경험을 이야기함으로써 독자들이 자신의 체험을 소환하고, 마침내 자기만의 접근 방식을 찾기를 바란다. 이제 우리는 그동안 사용해 온 사유의 사다리를 폐기할 수 있으며 또한 폐기해야 한다.

'미'가 존재하지 않는다는 것은 자명하다. 철학적인 언어로 말하자면 미의 존재론이란 없다. 왜냐하면 미는 '존재'하는 것이 아니라 사람들이 감각적으로 소통하는 과정에서 생기기 때문이다. 그것은 마치 비너스가 푸른 바다의 거품에서 태어나 조개 위에 서 있는 것과 같다. 하지만 이 소통은 늘 말로만 이루어지지 않는다. 예컨대 매력은 거의 비언어적인 방식으로 작용한다. 언어 예술의 경우에도 언어는 자기 자신을 스스로 설명하지 않는다.

우리는 미에 대해 소통하지만 그것에 대해 말하는 것은 쉽지 않다. 이것은 패러독스이다. 이 과정에서 우리는 존재의 가장 깊은 층에 다가가지만, 항상 피상적인 일상의 삶을 벗어나지 못한다. 이러한 모순을 우리는 변증법이라고 부른다. 고대 철학에서 시작하여 성경 그리고 헤겔, 마르크스에 이르기까지 변증법은 늘 사용되어 왔다. 상반되는 것 중 어느 하나를 선호한다고 해서 문제가 해결되는 것이 아니다. 모순 속의 대립을 견뎌내야 한다. 혹은 헤겔처럼 더 큰 전체 속에서 모순을 '지양'해야 한다. 이 전체는 다음과 같이 표현할 수 있다. 미는 이상이나 시장보다 더 큰 차원의 전체이다. 미는 키치에도, 예술에도 존재하지 않지만, 미가 사람 사이에서 일어나는 것이라면 키치이건, 예술이건 다 아름답다고 할 수 있다.

이러한 '변증법적' 소통은 (이것은 일단 모순들이 서로 투쟁하는 것을 의미한다) 문화의 강물 속에서 굽이치기도 하고 갈라지기도 한다. 모든 강줄기에는 깨끗한 물만 흐르는 것이 아니다. 강변 습지에 핀 백합꽃은 하얀색이 아니라 황금색이다. 루터는 황야에 핀 백합을 본 적이 없다. 대화를 하는 사람들은 이상, 꿈, 동경을 담아낼 수 있는 대상을 공유한다. '대화'는 이러한 대상을 통해 진행된다. 당연히 이 대상은 많은 부분에서 사회, 문화적으로 각인되어 있지만, 그것의 의미는 현재의 관계 속에서 결정된다. 여기에서 일어나는 것은 크건 작건 창조적인 행위이다. 작은 것에서 아름다운 것을 보지 못하는 사람은 큰 데서도 그것을 보지 못한다. 사람이건, 사물이건 우리가 아름답다고 하는 것은 절대적인 기준에서 나오지 않는다. 그것은 권력과 경제의 문제이며, 문화적, 사회적 정체성의 문제이다. 칸트가 말한 의미대로 이해의 문제이다.

다른 이미지를 사용하면 내 생각을 좀 더 간단하게 전달할 수 있을 것 같다. '나'는 '너에게' 무언가를 (혹은 누군가를) 가리키며, 그것(그 사람)이 아름답다고 말한다. 우리 둘은 때에 따라 변화하는 우리의 특별한 관계 속에, 그것들 간의 관계 속에 그리고 우리의 문화 속에 묶여 있다. 우리는 거의 같은 언어를 사용하며, 비슷한 교육을 받았다. 이제 '너'는 아름답다고 말한 것에 대해 반응한다. 부정할 수도 있고, 긍정할 수도 있고, 상대화할 수도 있고, 상대에게 등을 돌릴 수도 있다. 네가 긍정하면 당연히 내 진술은 설득력을 얻는다. 이 '우리'는 유리한 상황에서 점점 더 강력해진다. 왜냐하면 많은 사람이 우리의 판단에 동조할 거라는 기대가 생기기 때문이다.

이해시키기 어렵고, 바로 동의를 구하기 어려울 경우 우리는 어떻게 해야 성공할 수 있을지 그것에 대해 계속 논의할 수 있다. 우리는 매일 그렇게 한다. 밥을 먹건, 음료수를 마시건, 지하철을 타고 가건, 누군가와 무언가를 함께 할 때면 별생각 없이 늘 그렇게 한다. 왜냐하면 어려서부터 그렇게 배워왔기 때문이다. 타협은 그다지 아름답지 않지만, 우리를 움직이고, 서로를 존중하게 하며, 심지어 다른 사람과 무언가를 함께 할 수 있게 만든다.

사례

'우리'라는 말이 모든 사람에게 동일하게 해당된다고 주장할 수 없으면 우리의 경험은 결코 보편적일 수 없다. 이것이 내 주장의 핵심이다. 하지만 문화적으로 각인된 개념에 경험의 보편타당성을 적용한다면 그것은 비상식에 가까우며 생각이 다른 사람들을 배제하게 된다. 불행하게도 이런 일은 유럽의 역사에서 늘 반복되었고 지금도 반복된다. 그럴 때면 늘 특정한 경험이 기준이 된다. 미는 강요가 될 수 있으며 정신적 식민주의에 복무할 수 있다. 그래서 미는 많은 독재자에 의해 악용되었다.

성경은 (갈리아서 3, 28. 로마서 10, 12) 오래전에 인간의 원칙적인 평등을 요구했다. 이 생각은 인권의 최고선이 되었다. 어느 시대나 보편적 인간이라는 이념에 현혹되어 미학의 보편적 기준을 찾으려는 사상가는 늘 있었다. 이 이념은 현대의 유전공학과 뇌 연구에 편승하여 부활하고 있다. 음향학에서는 (이것은 여러 면에서 다른 감각에 모범이 된다) 아름다움을 느낄 때 작용하는 일반적인 틀을 인간의 제1자연에서 도출한다. 다시 말해 사람은 일정한 음과 음의 연속을 동일하게 느끼고, 특정한 자극은 원칙적으로 모든 사람의 뇌에서 비슷한 반응을 일으킨다는 것이다. 이런 연구는 흥미롭지만, 책임 있는 과학자와 일부 언론인은 이에 대해 문제의식을 갖고 있다. 표본 집단을 동일한 문화권에서 확보했는데, 조사 결과를 보편적인 결과로 평가하는 것은 문제가 있다. 우리는 '크고', '작은' 소리조차 동일하게 느끼지 않는다. 교회의 종소리가 누군가에게는 너무 크게 들리기 때문에 밤에는 종을 치지 말아야 한다는 기사를 최근에 본 적이 있다. 출퇴근 시간에 지하철 안을 한번 둘러봐라. 동일성은 미학과 그것의 지각에는 적용될 수 없다. 언젠가 나에게 다음과 같은 질문을 한 학생이 있었다. "중세 때는 지금보다 더 시끄러웠을까요, 아니면 더 조용했을까요?" 나는 스스로 이 질문을 해본 적이 없기 때문에 순간적으로 당황했다. 우리는 그것에 대해 함께 생각해 보았다. 추측하건대 오늘날 도시와 거리에서 들을 수 있는 그런 소음은 없었을 것이다. 이 소음들은 우리의 뇌에서 거의 다 여과된다. 어릴 적에 철로 옆에서 살았던 친구의 말에 따르면 그는 기차의 소음을 거의 지각하지 못했다고 한다. '큰 소음(Rauschen)'이 소거되자 사람들은 개별 소음을 더 명확하게 듣게 되었고, 이 소음들은 다른 의미를 갖게 되었다. 왜냐하면 옆집 사람이 하는 일을 다 알게 됐기 때문이다. 하여튼 나는 이 간단해 보이는 질문에 명쾌하게 답하지 못했다. 그 당시에 나는 학술적인 상투어로 "경우마다 다르겠죠."

라고 대답한 것 같다.

외부 세계의 영향과 인간의 반응 사이에는 어떤 관계가 있을까? 이에 대한 논의는 (고대 말 기독교의 점성술 비판) 이미 오래전에 있었다. 당시 사람들은 별이 인간의 운명에 미치는 영향을 의심하지 않았다. 이는 오늘날 우리의 뇌가 특정한 자극에 반응하는 것을 의심하지 않는 것과 같다. 하지만 인간이 별의 세계에 반응하는 경우의 수는 끝없이 많다. 그러므로 별이 필연적으로(결정론적으로) 인간의 행동에 영향을 미친다고 생각하는 사람은 아무도 없다. 고대인들은 같은 날, 같은 시에 태어난 쌍둥이는 이론적으로 같은 운명을 갖는다고 믿었다. 아우구스티누스는 고대부터 전해 내려오는 이 쌍둥이의 예를 자주 언급했다.

근대에 와서도 통치자들이 점성술사를 곁에 둔 것은 미래에 닥칠 위험을 미리 감지하고 대비하기 위해서이다. 예를 들어 케플러(Johannes Kepler)는 발레슈타인(Albrecht W. Wallenstein)* 의 궁정 고문이었다. 뇌에 전달되는 자극도 마찬가지이다. 우리가 자극에 반응하는 방식은 아주 상이하다. 가장 좋은 예로 왈츠의 아름다운 음악을 들 수 있다. 왈츠는 한때 추하고 천한 것으로 간주됐었다. 음악 때문이 아니라, '궁정'의 춤과 달리 남녀가 너무 밀착해서 춤을 추었기 때문이다. 중세 때는 농부들

* 신성로마제국의 장군, 정치인, 30년 전쟁 때 황제군의 총사령관이었으나 황제 페르디난트 2세에 의해 살해됨, 1583-1634

의 흥겨운 동작을 '펄쩍펄쩍' 뛴다고 했지 춤이라고 생각하지 않았다.

훌륭한 예술가로 인정된 사람은 숭배의 대상이 된다. 음악은 문화의 장벽을 넘어 사람들의 호응을 가장 잘 얻을 수 있는 매체이다. 물론 모든 음악이 다 그런 것은 아니다. 모차르트의 음악에는 다양한 관점의 미가 담겨 있다. 거기에는 감상자의 생리학도 한몫을 하는 것 같다. 사람들은 특정한 '하이라이트(Highlight)'를 좋아한다. 이것은 우리가 전문가가 아니기 때문에 많은 것을 다 기억할 수 없는 것과 관련이 있다. 살리에리(Antonio Salieri)*는 모차르트의 라이벌로 알려진 전설적인 인물이다. 살리에리의 작품을 듣고 동시대 작곡가들의 음악을 비교하는 것은 매우 흥미로운 일이다.

환경 요소를 이해하는 방식은 문화적으로 각인되기 때문에 가변적이다. 나는 젠더 연구와 생태 연구를 통해 그 사례를 소개 한 적이 있다. 하나 첨언하면, 현대 심리학에서 감정만큼 의학 기술이 많이 동원된 분야도 없을 것이다. 감정 연구(Emotional Research)라는 검색어를 찾아보면 확인할 수 있다. 이 연구를 통해 우리는 상대의 마음을 간파하려는 것일까? 아니면 감정 표출의 억제를 배우려는 것일까?

마침내 역사가들도 - 미국에서 (Barbara Rosenwein) 시작하

* 이탈리아, 오스트리아 고전주의 작곡가, 궁정악장, 교육자, 1750-1825

여 유럽으로 (Christina Lutter, Armin Schulz) 점차 확대되었다 - 감정연구에 관심을 갖게 되었고, 그 결과 놀라운 사실이 밝혀졌다. 그것은 사랑, 증오, 분노, 겸손과 같이 단순하고 초시간적으로 보이는 개념들이 문화적으로 형성된 아주 복잡한 지각체계를 낳았다는 점이다. 이스라엘 민족은 여호와의 분노를 두려워했다. 힐데가르트 폰 빙엔은 분노하는 남자를 두려워했다. 분노는 파괴적인 죄악이 될 수 있다. 하지만 신, 왕, 영웅에게 분노는 미덕이었다. 사랑에 대해서는 말할 필요도 없다. 나는 아름다움에 대한 감정을 주제로 이 책을 쓰고 있다. 감정에 관한 역사 연구는 흥미롭고 매우 세분화된 연구 분야로 발전하

그림 13 라벤나, 산 비탈레 성당(San Vitale in Ravenna), 모자이크(6세기)의 초록빛 색조는 유일무이하다. 여기에는 아브라함의 환대(창세기, 18, 1-15)와 순종(창세기, 22, 1-13)이 묘사되어 있다.

였다. 감정과 생리학적 반응 사이에는 직접적인 관계가 있을 수 있다. 하지만 특정한 문화적 조건과 구체적인 상황에 있는 사람이 그 관계 속에서 무엇을 만들어내는지는 미리 규정할 수 없다.

색에 대한 감정을 말할 때도 주의가 필요하다. 색은 대부분 쉽게 변하기 때문에 착각을 유발할 수 있다. 우리는 도자기나 거의 공개되지 않는 필사본에서만 사료의 직접성을 체험할 수 있다. 라벤나(Ravenna)에 있는 산 비탈레 성당의 모자이크가 주는 인상 중에서, 무엇보다 초록의 색조는 어느 것과도 비교할 수 없다.(그림 13)

그러나 이 모자이크를 책에서 본 사람은 그것이 푸른색이라고 생각한다. 최근 들어 이 색조에 관한 책이 여러 권 출간되었다. 대청에서 추출한 푸른색은 우리가 입는 청바지 색과 비슷하지만 아주 귀한 것은 아니었다. 성모님과 고귀한 기사들이 입었던 외투도 푸른색이었다. 과거 스칸디나비아에서 자색은 보기 드문 색이었다. 아마도 바이킹들이 원정지에서 자색 천을 가져온 것 같다. 문학 작품에서는 자색을 '갈색'으로 칭했다. 금은 '붉은색'이라고 생각했다. 바로크 시대까지 사람들은 일정 비율의 합금을 원했기 때문에, 금은 실제로 붉은색을 띠었다. 붉은색과 달리 노란색은 부정적인 색이었다. 오늘날에도 사람들은 붉은색을 두고 전혀 다른 것을 연상한다. 현대의 화학이 개가를 올리기 전까지 변색되지 않는 염료는 매우 비쌌다. 그래서 다채로운 색상의 옷을 입으면 귀한 대접을 받았다. 공주를 앵무새에 비교하는 것은 모욕이 아니었다. 앵무새의 수다스러움이 아니라 화려한 색을 염두에 뒀기 때문이다. 조형 예술이나 건축물의 다채로운 색에 대해서는 이미 앞에서 언급한 바 있다. 이밖에 유행의 변화는 우리의 추측과 달리 아주 빈번했던 것 같다. 이에 대해서는 아직 학제 간 연구가 이루어지지 않고 있다.

'우리는 어떤 소리를 아름답게 느끼는가?' 이 질문에 대한 근본적인 연구는 아주 오래전부터 있어 왔다. 클래식 음악을 들은 암소는 더 많은 우유를 생산한다고 한다. 하지만 "잠깐만 기다려 주세요."라는 말이 반복되는 ARS 안내 음성과 모차르트 음악을 같이 듣는 것은 괴로운 일이다. 미디어와 백화점에서 종일 들리는 단조롭고 지루한 음악도 우리를 짜증나게 만든다. 도대체 누가 이런 고문을 발명했기에 여태껏 '조용했던 시골 마을'에서조차 이런 음악을 들어야 하는가?

계속 단조롭게 흐르는 음은 정말 참기 힘들다. 하지만 앞에서 언급한 불협화음이나 소음 때문에 생기는 '중단(Störung)'은 때에 따라 긴장을 유발하고 주의를 환기시킨다. 그렇다고 내가 미니멀리스트 음악이나 명상곡을 반대한다는 뜻이 아니니 오해하지 않기 바란다. 나는 패르트(Arvo Pärt)*의 음악이나 수도

* 에스토니아 작곡가, 음악감독, 뉴 뮤직의 대표적인 작곡가, 1935-

원의 성악곡(Chants)을 좋아한다.

조화로운 음악은 말 그대로 어떤 변화도 일으키지 않는다. 이것은 아주 작은 것이건, 큰 것이건 혹은 아주 단순한 체계이건, 복잡한 체계이건 공히 다 해당된다. 빅뱅 이후에는 모든 것이 규칙적으로 진행됐는지 모르지만, 물리학은 무엇이 빅뱅을 일으켰는지에 대해 설명하지 못한다. 고전 이론에 따르면 그것은 규칙적인 운동의 중단이다. 양자가 자체 분열을 하지 않으면 한 개의 양자를 가지고 무엇을 할 수 있을까? 우연이란 것도 분명히 어딘가에서 떨어진 것이다. 철학이 생긴 이래 '시작'은 논리적으로 늘 문제가 됐다. 그 문제를 설명하는 것은 우리의 과제가 아니다.

중요한 것

놀랍게 들릴지 모르겠지만 이로써 우리는 중요한 지점에 도달하게 됐다. 이른바 미의 지점이다. 여기서는 '긴장'과 '중단'이 핵심 단어이다. 긴장은 수용자가 보이는 반응이고, 중단은 어쩌면 조화롭게 작동했을지 모르는 기존 시스템에 이상이 생긴 것이다. 이 둘은 일종의 소통을 전제한다.

다음의 노래는 당대에 아주 인기 있던 속요를 모방한 것이다. 이 노래는 모방이 중단을 야기한다는 것을 잘 보여준다.[29]

누가 작은 마리아를 노래하건
나는 마리아를 노래하네.
누구나 봄을 노래하는 시 하나는
그분에게 바쳐야 하네.
그녀는 꽃이네, 그녀는 제비꽃이네,
그녀는 멀리까지 향기가 넘쳐흘러
우리 모두를 취하게 하는

활짝 핀 장미꽃이라네.
숭고한 주님의 어머니는
어떤 꽃보다
뛰어난 향기를
지니고 계시네.

유행가와 기독교적인 주제 사이의 긴장은 유머를 낳았고, 이 유머를 통해 텍스트는 완전히 새로운 수준을 얻게 되었다.

완전함과의 소통

완전함을 의미하는 미는 절대적이고 초월적이며, 현세적인 것을 모두 뛰어넘는 원칙이다. 이것은 신앙인에게는 신이며, 어떤 사람에게는 유토피아이거나 혹은 베버가 말한 이상형이다.

수학의 미

내재적인(immanent) 의미에서, 다시 말해 지금, 여기서 우리가 아름답다고 말할 수 있는 것은 이상형과 일정한 관계가 있다. 그것은 여러 가지 형태가 될 수 있다. 그럼 새로운 분야를 살펴보자. 수학자들은 피타고라스의 정의(직각 삼각형에서 직각을 끼고 있는 두 변의 제곱의 합은 빗변의 길이의 제곱과 같다. a2+b2=c2)처럼 간단해 보이지만 보편적 적용이 가능한 방정식을 아름답다고 한다. 오일러(Leonhard Euler)*의 공식 $e^{i\pi}+1=0$처럼 상이한 수학적

* 스위스의 수학자, 물리학자, 천문학자, 논리학자, 1707-1783

그림 14 뒤러(Albrecht Dürer), 어머니 초상(베를린 동판화 박물관 Kupferstich-kabinett 소장)

크기를 간단명료하게 연결하는 방정식 역시 수학자들의 눈에는 아름답게 보인다. 1739년 수학적 음악 이론을 발표한 오일러는 수학과 음악을 연결해 온 수천 년의 전통을 계승하였다. 수학과 마찬가지로 미는 앞에서 말한 대칭과 밀접한 관계가 있다. 괴델(Kurt Gödel)*이 우리에게 보여준 것처럼 수학은 자기

* 오스트리아, 미국의 수학자, 논리학자. 불완전성의 정리로 유명해짐, 1906-1978

자신을 증명할 수 없다. 그러므로 수학은 그 자체가 '아름다운' 것이 아니라 아름답다고 생각하는 사고 체계와 관계가 있다. 수학자에게 이 체계는 수학을 통해 파악할 수 있는 우주이다.

노년의 아름다움

성직자나 낭만주의자들은 아름다운 영혼에 대해 말하였다. 이것은 인간이나 혹은 주변 환경과 맺는 다양한 관계로 표현될 수 있다. 신앙의 경우 이것은 신과의 관계를 나타낸다. 그런 점에서 베를린 동판화 박물관(Berliner Kupferstichkabinett)에서 본 뒤러(Albrecht Dürer)*의 어머니 모습은 다른 노인의 얼굴처럼 아름답다. (그림 14)

그녀의 얼굴에는 삶 전체가 각인되어 있다. 굳이 보자면 우리는 거기서 생의 마지막 순간과 그 너머의 것을 볼 수 있다.

전설에 의하면 모든 사람은 죽은 뒤 부활할 때 신체적 나이가 대략 30세라고 한다. 남녀를 막론하고 한참 때의 나이이다. 그래서 많은 예술가는 망자의 모습을 묘비에 새겨 넣을 때 대략 30세에 맞춰 양식화하였는데, 단 한 사람의 예외가 있다. 수많은 사람이 흠모했던 아키텐느의 엘레오노르는 노령의 나이에도 불구하고 미모를 자랑했다. 그녀는 자기 무덤에 세울 조

* 독일의 화가, 동판화가, 목판화가, 독일 르네상스를 대표, 1471-1528

형물을 미리 주문했는데, 자신의 나이든 모습을 그대로 조각하게 했다. 마지막 겸손일까 아니면 남다른 자만심일까?

미는 절대적인 것의 변증법적 소통하는 것이라고 할 수 있다. 이는 미가 이미 정해져 있다는 뜻이다. 그렇다면 문제는 현실적으로 이 절대적인 미에 얼마나 접근할 수 있느냐이다. 여신은 아름답다. 마돈나도 아름답다. 권력자도 아름답다. 물론 스타도 아름답다. TV '예능프로'에 출연하는 연예인은 방송에 맞게 외모를 꾸민다. 그들은 변하지 않을 거라고 생각하는 아름다움에 어느 정도 어울리는 모상들이다. 사람들은 미 개념이 역사적으로나 문화적으로 변할 수 있다는 것을 잊은 채, 어떻게 하면 이 유토피아에 다가갈 수 있는지에 대해서만 이야기한다. 팬이 아닌 사람이면 누구나 다 알듯이 대중적인 인기를 누리는 인물 중에서 이상형과 일치하는 사람은 아무도 없다. 하지만 미디어들은 항상 그 경계를 모호하게 만든다. 어쨌든 다소 활발한 담론을 생산해내는 긴장은 이런 식으로 계속 유지된다. 우리는 그 흔적을 다양한 매체와 학술 논문에서 자주 발견한다. 많은 이들은 자신의 의미와 정체성을 '아름다운 사람'과 비슷해지는 데서 찾는다. 그들은 최고 등급은 아니지만 최소한 그 아래 어딘가에 위치한다. 그들은 모방을 통해 위대한 이상에 일정 부분 참여한다고 생각한다. 예술가와 사진작가는 예나 지금이나 이 환상을 지원한다. 아름다운 것을 모방하는 사람들은 미디어에 등장하는 '아름다운 사람'이 방향을 제시해 준 데 대해 고마워한다.

정체성을 규정하기 위해서는 물론 (내 생각에 미보다 더 중요한) 다른 영역들도 고려해야 하지만, 미의 장점은 무엇보다도 강한 감각성에 있다. 이점은 더 강조할 필요가 없다. 이러한 변증법적 소통은 전체적으로 복잡해 보일지 모르나 구체적인 상황에서는 늘 단순하게 진행된다. 즉 그것은 지금, 여기에 있는 사람들 사이에서 일어나며, 또한 사랑하는 사람들 사이에서 일어난다. 이로써 우리는 다시 원점으로 돌아오게 됐다. 왜냐하면 사랑하는 남녀는 사회 속에 있으며 변증법적으로 계속 소통하기 때문이다.

기상상황

아름다운 것을 언어로 표현할 때는 내용만큼 형식과 문맥도 중요하다. '사회주의적 리얼리즘'을 대변한 공산주의자들은 이 점을 종종 부정했다. 텍스트는 형식 속에서 개별 단어들의 의미를 초월한다. 또한 텍스트는 문맥 속에서 한 사람이 삶과 교육을 통해 습득한 이미지들을 불러온다. 아래의 텍스트는 후헬(Peter Huchel)*의 시다. 그는 과거 동독의 라디오 방송국 고위 간부였지만 그가 발행한 문예지 「의미와 형식」(Sinn und Form) 때문에 정부의 심한 탄압을 받았다. 이 시는 여름철 한나절의 찰

* 독일 시인, 1903-1981

나적인 아름다움을 노래하고 있다.[30]

뜨거운 햇볕에 담금질된
낫,
청동으로 만든 낫
예리한 부싯돌칼이 달린 낫
보아의 낫 그리고
티탄의 무덤에서 가져온 낫
정오는
수면 가까이에 낫을 내던진다.
낫이
뭔가를 베어낼 듯 번득이며
갈대 속으로 미끄러졌다.
줄기가 하나도 잘리지 않았다.

뭔가 아름다운 것이 퇴색해가는 것을 보려면 좀 더 일상적인 것을 연상해야 한다. 몇 년 전 여름은 매우 덥고 길었다. 기상청은 매일 좋은 날씨를 예보했다. 열기는 도심의 오래된 건물 안까지 스며들었고 과일나무들은 말라 갔다. 그런데도 아름다운 날씨라고 했다. 비가 오기를 애타게 기다렸지만 비를 예찬하는 미모의 기상 캐스터는 한 명도 없었다. 이제 농업은 우리와 무관하게 되었는가? 도시에서도 이 더위는 견디기 어려웠다. 우리와 위도가 같은 지역에서 '아름다움'과 '태양'은 강하게 연결된 연상고리인가?

쿠샤이(Bernhard Kuschey)는 나치의 집단수용소에서 생존한 페더른(Ernst Federn)의 회고록을 출간했다.[31] 나는 거기서 날씨에 관한 감동적인 구절을 읽은 적이 있다. 페더른은 수용소의 끔찍한 상황과 1940년 6월 14일 함락된 파리를 침울하게 묘사하다가 갑자기 부헨발트(Buchenwald)*의 '그날은 찬란한 봄이었지.'라고 회고한다. 부모님과 함께 심층심리학의 태동을 체험했던 페더른이 생존할 수 있었던 것은 자신의 문화를 잃지 않았기 때문이다. 봄날은 당시 그가 처해 있던 운명과는 전혀 다른 영역에 있었다. 하지만 그 영역은 계속 살아 숨쉬었고, 비극은 그를 파멸시키지 못했다.

연대기에서 날씨는 상황에 따라 상이하게 기록된다. 우리가 장기적인 기후 변화를 연구하면서 확인한 바에 따르면 객관적인 데이터와 연대기 기록 사이에는 상응 관계가 없다. 정치 상황이 좋지 않으면 역사가는 창밖을 내다보며 '날씨마저 나쁘군.'이라고 생각했다. 경기가 좋으면 알프스의 농부들은 추운 날씨에도 스웨터 하나만 걸친 채 일을 했다. 도시의 경기가 좋으면 알프스 농작물에 대한 수요도 증가하기 때문이다. 그러면 추워도 날씨는 아름다운 것이다.

* 독일 바이마르 지방에 세워진 나치의 집단수용소, 56,000명이 희생됨.

이것은 복잡하고 쌍방적인 우리의 감정 구조가 '아름답다' 라는 기호 체계 안에서 어떻게 작동하는지를 보여주는 인상적인 예가 아닐까?

문화 속의 소통

미는 문화 속에서 이루어지는 소통의 중요한 요소이다. 미는 실제 관계 속에서 생기지만, '상부'의 정의를 통해, 전문가들에 의해 혹은 박제화를 통해 자기 자신의 죽은 기념물이 된다. 위대한 작품도 '그 자체'가 아름다운 것은 아니다. 역사적, 사회적 맥락 속에 있을 때 비로소 아름다운 것이다. 모든 르네상스는 말 그대로 오래된 것이 단순히 '부활'한 것이 아니다. 르네상스는 전래되는 것을 새로운 문맥 속에 옮겨 계속 발전시킨다. 텍스트에 곡을 붙여 노래를 만들 때도 이와 비슷한 일이 일어난다. 이때 차용된 텍스트는 '소멸'하지만 새로운 형식 속에서 다시 부활한다.

괴테는 슈베르트의 가곡을 높이 평가하지 않았지만, 그의 곡을 자기에게 헌정하는 것은 허락하였다. 노년이 되어 슈베르트 작품의 진가를 깨달은 괴테는 방문객들에게 그를 호평하며 인쇄된 악보를 보여줬다고 한다. 괴테가 슈베르트에게 보낸 편지는 전해지지 않는다.[32] 괴테는 슈베르트와는 달리 베토벤을 1812년 휴양지 테프리츠(Teplitz)*에서 우연히 만난 적이 있다. 많은 화가들은 새로운 문맥화가 종종 과격한 효과를 낸다는 것을 알고 있다. 인상주의 화가들은 연작을 통해 (모네의 건초더미 연작이나 루앙성당 연작) 여러 색의 점들이 전체적으로 어떤 효과를 내는지 시험하였다. 우리는 낭만주의 화가 터너(William Turner)**의 작품에서 이런 실험적인 성격을 발견할 수 있다. 근본적으로 이것은 프레스비터(Theophilus Presbyter)***가 12세기에 상술한 예술 기법을 재수용한 것이다. 괴테의 색채론도 이 주제를 다루고 있다. 그런데 프레스비터의 책을 발견한 사람은 볼펜뷔텔(Wolfenbüttel)의 도서관 사서였던 레싱(Gotthold Epiram Lessing)****이다.

나는 아일랜드에서 다른 형태의 문맥화를 경험하였다. 아일랜드 음악을 좋아하는 나는 전문가들로부터 아주 흥미로운 '음악 펍(singing Pubs)'을 소개받았다. 그중 특히 마음에 든 펍이 있었다. 그곳에서 한 밴드가 갑자기 비틀스의 노래를 연주하기 시작했다. 그들은 이 곡을 자기들의 민속 음악(Folksong)처럼 연주했는데 아주 잘 어울렸다. 갑자기 새로운 세계가 활짝 열리는 것 같았다. 아일랜드의 노동자들을 통해 영국의 여러 공

* 체코 보헤미아 북동 지방의 휴양 도시

** 영국 낭만주의 화가, 수채화가, 1775-1851

*** 베네딕트 수도회 수도사, 예술 기법에 관한 이론서를 저술, 1125년경 사망.

**** 독일 계몽주의 작가, 비평가, 드라마투르크, 1729-1781

그림 15 막스 바일러(Max Weiler), 마치 풍경처럼, 고산 습지, 안개, 늪, 습기, 풀, 약초, 이끼, 1964 (빈, Museum Moderner Kunst Stiftung Ludwig 소장)

업 도시로 전파됐던 비틀스의 음악이 다시 리버풀에서 아일랜드로 돌아온 것이다. 정말 완전히 다른 음악을 듣는 것 같았다. 이전에도 나는 비틀스를 좋아했지만 이것은 완전히 다른 차원의 음악이었다.

음악의 세계에서는 변형을 통해 새로운 예술 작품이 나

온다는 것은 잘 알려진 사실이다. 하지만 음악에서는 직접 들을 수 없는 것이 가장 아름다울 때가 종종 있다. 바흐의 무반주 바이올린을 위한 소나타와 파르티타(Sonate u. Partite für Violine solo)를 생각해보면 잘 알 수 있을 것이다. 메뉴인(Yehudi Menuhin)*33이 해석한 이 곡들은 내 귀에 복합적인 형상처럼 들린다. 그래서 마치 전체 오케스트라의 연주를 듣는 것 같다. 조형 예술 작품도 이와 비슷하다. 나는 바일러(Max Weiler)**의 작품을 감상할 때 그런 느낌을 받는다.(그림 15)

이러한 체험을 하기 위해서는 지식과 교양 그리고 특정 문화 속에서 습득한 경험이 꼭 필요하다. 최소한 문화적인 친근함이 있어야 작품 속에 담긴 원래의 의도를 인식할 수 있다. 19세기 혁명 이후 시민계층은 습득한 전통을 학문적으로 천착하고 자유를 요구하면서 진보의 마지막 단계를 구축했다고 믿었다. 그들은 유럽 외의 민족들도 이 방향으로 '발전'해야 한다고 생각했다. 이런 점에서 오늘날까지 계속 영향을 미치는 것은 근본적으로 도시 문화이다. 1989년 여름, 프랑스 전역을 여행하던 중에 나는 프랑스 혁명을 축하하는 라디오 방송을 들었다. 프로방스 도시들의 관청 건물도 화려하게 장식되어 있었다. 그러나 그 밖의 모든 것은 쥐 죽은 듯이 고요했다. 왜냐하

* 미국 출생의 바이올린 연주자, 지휘자, 1916-1999

** 오스트리아 화가, 1910-2001

면 바스티유 감옥을 습격한 7월 14일은 휴가철이기 때문이다.

모든 사회 집단은 고유의 문화를 갖고 있지만 원칙적으로 모범적인 역할을 하는 것은 상류층이다. 시민계층의 예술적 감정도 '위'와 '아래'로 폭넓게 확대되었다. 합스부르크 왕가의 자녀들은 시민계층 출신의 학술원 교수들로부터 교육을 받았기 때문에 독자적인 발전을 할 수 없었다. 사라예보에서 피살된 오스트리아 황태자 페르디난트(Franz Ferdinand)가 어릴 적에 그린 그림이 이를 증명한다. 노동자들의 문화도 취득의 과정을 거친다. 예컨대 노동가요는 새로운 내용의 텍스트를 표현하기 위해 매우 '시민적인' 음을 사용한다. 1980년대 아인슈튀르첸덴 노이바우텐(Einstürzenden Neubauten) 밴드*가 소음을 가지고 새로운 음악의 세계를 창조하였다. 그리고 한참 뒤에 사람들은 팝문화 안에 있는 프롤레타리아 음악의 흔적을 발견하였다. 독특한 시민적 '사실주의'를 요구하는 이데올로기를 제외하고 노동자 계급에서 나온 조형 예술은 거의 없다. 러시아 혁명 초기에만 해도 미래주의 아방가르드가 존재했지만, 말레비치(Kasimir Malewitsch)**마저 끝내 다시 구상화로 전향했다. 그의 제자 엘리시츠키(Eliezer El Lissitzky)***만이 정치적 주제와 추상화를 연결

* 실험음악 형식의 독일 밴드

** 러시아 화가, 러시아 아방가르드를 대표, 구성주의 창시자, 1878-1935

*** 러시아 아방가르드 예술가, 구성주의 이념의 실현과 전파에 크게 기여, 1890-1941

그림 16 엘 리시츠키(Elizer 'El' Lissitzky), '붉은 쐐기로 흰색을 쳐라', 포스터 1920.

하려고 했다. (그림 16)

사람들은 종종 예술의 자유를 선전하지만 '독립' 언론의 경우처럼 그 자유는 누구의 자유이며, 누구를 위한 자유인가라는 질문을 도발한다. 예술의 자유에는 공간이 있어야 한다. 또한 대화 능력을 갖춘 관객이 전제되어야 한다. 공적 영역은, 특히 학교는 이러한 대화를 거의 장려하지 않는다. 미디어에서는 '전문가들'이 단정적인 의견을 피력하고, 토론은 적대적으로 진행되거나 다소 폐쇄적인 네트워크 내에서만 이루어진다. 포어알

베르크(Vorarlberg) 지방* 쿠름바흐(Krumbach) 마을의 BUS:STOP 프로젝트는 글로벌하게 기획된 대화가 어떻게 작동하는지를 보여준다. 전 세계에서 초대된 일곱 명의 건축가가 작은 버스 정류장 박스를 설계했다. 제작은 현지의 기술자들이 맡았고, 창의성과 노하우의 연결은 그 지역 건축가들이 담당했다. 그 결과물은 인터넷에서 볼 수 있다. (http://www.kulturkrumbach.at)

박물관이 대화의 장소가 되는 경우는 거의 없다. 뛰어난 전문가와 훌륭한 큐레이터가 있지만, 대화는 늘 정해진 방향으로 진행된다. 관람객은 그들이 제공하는 정보의 수신자에 불과하다. 이러한 관행은 제국 시대 이후 거의 바뀌지 않았다. 황제포럼(Wiener Kaiserforum) 프로젝트의 일환으로 탄생한 빈의 자연사 박물관과 예술사 박물관은 황실의 예술품과 귀중품 소장고가 발전한 것이며, 황제의 주문에 따라 대학보다 먼저 학문의 전당 역할을 했다. 베를린 박물관 섬(Berliner Museumsinsel)** 은 관 주도하에 설립되었고 지금도 그렇게 운영된다. 독일 역사박물관이나 구 동독 박물관의 관람객들은 관람 도중 발언할 기회를 갖지 못한다. 함부르크역사 박물관의 운영은 개인 수집가의 대리인이 맡고 있다. 키퍼(Anselm Kiefer)***의 납도서관

* 스위스와 인접한 오스트리아 서부 주

** 베를린 슈프레 섬(Spreeinsel) 북쪽에 위치한 5개의 박물관으로 이루어진 건축물

*** 독일, 오스트리아 화가, 조각가, 2차 세계 대전 이후 가장 성공적인 독일 예술가에 속함, 1945-2018

(Bleibibliothek)에서는 어떠한 책도 전시할 수 없다. 다른 수집품의 경우에는 반대가 있었지만 구입이 허용되었다. 박물관에 가면 우리는 양쪽을 오가게 된다. 한편에는 황제와 지배자가 있고, 다른 한편에는 전문가들이 있다. 우리는 함께 말할 권리가 없다. 우리가 끼어들 자리가 어디에 있는가?

한때 오스트리아 응용 예술 박물관(MAK)은 공예작업의 혁신을 목표로 삼았다. 이 박물관은 런던의 빅토리아 알버트 박물관(Victoria and Albert Museum)처럼 혁신의 모범이 되고자 했다. 박물관 지하 창고에는 많은 양의 견본이 놓여 있는데 대부분 모조품이다. 박물관의 설립 정신은 물론이고 어떻게 해야 그 정신을 우리 시대에 맞게 변형시킬 수 있을까 고민하는 사람은 이제 더 이상 없다. 이곳에서는 무엇보다 '아름다운 예술'이 여전히 중요하다.

현대 박물관들은 아름다운 것을 더 이상 요구하지 않는다. 적지 않은 예술 소비자들은 이것을 상실이라고 생각한다. 이들은 '전문가'들이 키치라고 부르는 시장으로 자리를 옮겼다. 키치는 종종 해방의 행위이다. 하지만 교도소 수감자들이 이 저렴한 일상 '예술'을, 예컨대 '산정호수의 노루(Hirsch am Bergsee)' 소재를 시리즈로 제작했다는 사실은 아이러니가 아닐 수 없다.

영원한 철학philosophia perennis 혹은 '진정한' 미

철학자들 사이에 통용되는 놀라운 이념이 하나 있다.

> 나는 시간이 나면 선현들과 훌륭한 사람들의 이론을 내 이론과 비교해 볼 생각이다. 진리는 사람들이 생각하는 것보다, 훨씬 더 널리 퍼져 있다. 하지만 진리는 종종 화장한 얼굴로 우리에게 다가온다. 그리고 허약한 척 위장을 하거나 혹은 자신의 가치와 쓸모를 부정하는 낯선 요소에 의해 파괴된 모습을 한다. 옛사람에게서, 좀 더 일반적으로 말해 우리의 조상에게서 진리의 흔적을 찾는다면 그것은 똥에서 금을 찾고, 광산에서 다이아몬드를 캐고, 어둠에서 빛을 찾는 것과 같다. 그것이 시간을 초월한 영원한 철학(perenis quaedam philosophia)이다.[34]

라이프니츠의 이 주장에 따르면 철학자는 무한한 담론에 다가갈 수 있는 존재이며, 거인이나 다른 난쟁이들의 어깨 위에 앉아 있는 난쟁이처럼 계속 그 담론을 사유하기만 하면 된다.

이 생각의 토대는 진보사상과 유럽중심적인 문화 개념이다. 왜냐하면 다른 문화권의 사상은 필요할 때만 자극제로 받아들이기 때문이다. 사람들은 이런 식으로만 진리에 접근했고 오래된 모순은 회피해왔다. 오래된 철학 논쟁을 우리의 목적에 맞게 연결해 보자. 진리에 다가가는 것은 두 개의 평행선이 무한대에서 만나듯이 오직 점근법적으로(asymptotisch)만 생각할 수 있다. 그렇지 않으면 진리에 접근한다는 것은 모든 사유의 중단을 의미한다. 물론 그러면 소위 '올바른' 진리는 얻을 수 있다. 종교에서는 그 진리가 피안의 세계가 되었고, 몇몇 이데올로기에서는 현세에서 실현했거나 혹은 실현하게 될 유토피아가 되었다. 그러면서 생각이 다른 사람들을 이데올로기가 표방하는 진리의 이름으로 잔인하게 '개종'시키려고 했다. 완결된 미도이와 비슷하다. 우리는 실러의 담시 '사이스의 감춰진 그림(Das verschleierte Bild zu Sais)'을 이 관점에서 해석할 수 있다.

오스트리아의 철학자 하인텔(Erich Heintel)의 대표 저술은 라이프니츠 인용으로 시작된다. 이 책은 원래 총 세 권으로 기획됐으나 단행본으로 출간되었다. 그는 이 책 외에도 주목할 만한 저서들을 남겼다. 객관적 진리의 보편적 체계는 항상 광범위한 해결과 보편적인 공식을 추구하는 자연과학을 발전시켰다. 하지만 이러한 보편적 세계에 대한 생각은 한낱 유토피아에 불과하며 다원화된 사회에서 더 이상 정당성을 갖기 어렵다.

물론 신학은 진리에 대해 특별한 개념을 갖고 있다. 우리는 이 개념이 미의 문제를 이해하는 데 도움이 될 거라는 것을 곧 알게 될 것이다. 기독교인이 아니더라도 유럽 문화가 기독교에 의해 각인됐다는 사실을 부정하는 사람은 없다. 2010년 성탄절에 교황 베네딕트 16세(1927-)는 엄격한 철학적 의미에서 다음과 같이 말했다. "진리가 만약 수학 공식 같다면 진리는 스스로 모습을 드러낼 것이다." 더 나아가 그는 성경의 전통에 입각하여 "진리는 우리 모두가 긍정하는 사랑이다."라고 역설했다. 우리는 다시 '진리'라는 말을 미와 교환하고 싶어 할지 모른다. '참되다'와 '아름답다' 사이에는 공통점이 많기 때문이다.

빌라도의 "진리란 무엇인가?"는 우리에게 잘 알려진 격언이다. (요한 18, 38) 신약의 특별한 이야기는 이 성경 구절로 끝을 맺는다. 마태오, 마르코, 누가 복음서는 서로 내용이 비슷하고 모두 '공통된 관점을 가지고(zusammenschauen)' 서술한다는 의미에서 공관복음(Synoptiker)이라고 불린다. 여기서는 진리의 개념이 거의 언급되지 않는다. 마태복음에서는 바리사인들이 진리라는 말을 사용한다. 마르코 복음에서는 이 부분 외에 진리라는 말이 한 번 더 언급된다. 만성 혈루증에서 나은 여인이 예수님의 옷에 손을 댔다고 고백하는 구절이다. 루카는 진리라는 개념 자체를 아예 사용하지 않았다.

그리스어로 생각하고 글을 썼던 요한만이 진리의 신학을 발전시킬 수 있었다. 이 단어는 성경 색인목록(예컨대 http://www.bibelserver.com)을 검색하면 그 내용을 자세하게 확인할 수 있다. 무엇보다 중요한 것은 강령과 같은 첫 번째 부분이다. 즉 "예수께서는 은총과 진리가 충만하시다"와 (요한, 1, 14) "은총과 진리는 예수를 통해 왔다."이다. (1, 17) 더 결정적인 부분은 다음 구절이다. "진리를 실천하는 이는 빛으로 나아간다." (3, 21) 신의 말씀 (17,17)인 진리는 자유롭게 해줄 것이다. (8, 32) 여기서 (요한은 진리의 개념을 다른 데서는 일상적인 의미로 사용하였다) 진리는 '옳다'는 의미로서 진술의 형식적 범주가 아니라 '미덕'의 의미로 사용된 행동의 실천적 범주이다.

그래서 진리는 실존적인 범주이다. 진리란 뭔가 쓸모 있는 것이다. 미도 마찬가지이다. 이로써 우리는 뜻하지 않게 고전적인 전통에서 다시 한 걸음 더 나아가게 됐다. 미도 그냥 '존재하는' 형식적 범주가 아니다. 미는 실존적 범주로서 무언가 '행동하고' 무언가를 유발하지만, 또한 이상적으로 생각된 것, 소위 진리의 빛을 지시하기도 한다. 이로써 우리는 무엇보다 홀로코스트를 보고 '천상의 장미에서 나는 악취'라고 말한 아도르노의 비난을 피할 수 있다.

… 그리고 추한 것

우리는 미 개념을 다양한 소통 기능으로 이해했다. 여기에는 미와 대척 관계에 있지만 포기할 수 없는 추의 개념도 포함된다. 미의 결핍은 체면의 문제가 될 수 있다. 나는 욜레쉬 아주

머니*, 아니 이 인물을 고안한 토르베르크(Friedrich Torberg)**도 중고생들처럼 몰래 오비드를 읽었다는 사실을 몰랐다. 오비드의 책에는 "남자에게는 허름한 외모가 더 잘 어울린다"라는 구절이 있다.[35] "한 남자가 원숭이보다 더 멋있으면 그것은 다 사치"라고 한 토르베르크의 말이 오비드의 격언보다는 덜 퇴폐적으로 들린다.

나는 한때 어느 한 정치인에 대해 비호감을 가진 적이 있다. 그 당시 누군가가 나에게, "수영팬티만 입고 있는 그 사람을 상상해 봐, 그러면 웃지 않을 수 없을 거야."라고 말한 적이 있다. 나는 그 말이 의도된 말이건 아니면 무의식적으로 한 말이건 역사적인 인용이라는 것을 몰랐다. 사민당의 에버트(Friedrich Ebert)***가 나쁜 정치인들과 함께 수영복을 입고 찍은 사진이 있었다. 1919년 8월 그가 바이마르 공화국 초대 대통령에 취임했을 때 베를린 화보 신문(Berliner Illustrierte Zeitung)은 이 사진을 일면에 실었다. 이 사진은 여러 차례 반공화주의자들의 선전물로 이용되었으며 치명적인 스캔들의 소재가 되었다. 민족주의 진영의 '영웅들'은 아주 우스운 인물 하나를 만들어 낸 것이다. [...] 민족주의자들은 유능한 선동가들을 보유하고 있었다. (그림 17)

* 토르베르크의 소설 『욜레쉬 아주머니 Die Tante Jolesch』의 주인공

** 유태계 오스트리아 작가, 언론인, 편집인, 1908-1979

*** 독일 사민당 정치인, 바이마르 공화국 초대 대통령, 1871-1925

그림 17 여름 피서를 즐기는 에버르트와 노스케, '베를린 화보 신문(Berliner Illustrierte Zeitung)' 표지 34, 1919년 8월 24일(쾰른, Museum Ludwid / Agfa Photo-Historama 소장)

어찌 됐건 토르베르크와 욜레쉬 아주머니는 유태인의 중매 관습을 잘 알고 있었다. 어떤 인도 여성은 결혼 같은 중대사를 사랑의 우연에 맡기다니 이해가 가지 않는다고 말했다. 중세 때는 부부의 사랑은 없다고 생각하는 사람이 있었는가 하면, 결혼하면 사랑은 끝이라고 주장하는 사람도 있었다. 신부의 아름다움은 문학 작품뿐만 아니라 정치적인 정략 결혼에서도 (적어도 선전용으로) 중요한 역할을 했다. 신부는 대부분 어렸고 그녀를 아름답게 만드는 일은 그다지 어렵지 않았다. 게다가 결혼식장의 촛불 조명은 신부를 더 아름답게 만들었을 것이다.

여성의 아름다움에 대한 상업적 측면을 잠깐 살펴보자. 뮤지컬 '신사는 금발을 좋아해(Gentlemen prefer Blondes)'는 1953년에 영화화되어 마릴린 먼로를 일약 스타로 만든 작품이다. 나는 냉소적이기보다는 오히려 비극적으로 들리는 '다이아몬드는 소녀의 가장 좋은 친구야(Diamonds Are Girl's Best Friend)'라는 삽입곡을 상기시키고 싶다. 다이아몬드가 있으면 경우에 따라 성형수술도 할 수 있다. 하지만 그것은 종종 기대와 달리 고통스러운 결과를 낳는다.

내가 앞에서 언급한 이디시어 유행가 '나랑 있으면 넌 아름다워(Bay mir bistu scheyn)'를 떠올려 보자. 이에 대해서는 더 보탤 말이 없다. 왜냐하면 그렇게 느껴본 적이 없는 사람은 그 마력을 공감할 수 없기 때문이다. 아름다운 것들 가운데에는 외면보다 더 소중한 것이 있다. '너는 나에게 아름다워'를 독일어 사투리로 표현하면 'Du taugst mir'이다. 이것을 직역하면 '나는 네가 필요해'이지만 바이에른이나 오스트리아에서는 '나는 너를 사랑해'의 의미로 사용된다. 이 말은 많은 삶의 위기를 함께 극복하며 늙을 때까지 평생 지속될 수 있다. 그것은 아름다운 일이다. 어디서나 눈과 눈 뒤에 있는 것이 아름다움을 창조한다. 서론에서 말한 사과처럼 어떤 것은 보기 위해 있고, 어떤 것은 삶을 위해 있다.

창조의 원칙으로서 미

"미가 우리의 두 번째 창조주라고 말한다면 그것은 시적으로만 허락된 것이 아니다. 철학적으로도 옳은 일이다." (실러)[36]

나는 어느 한 성지에서 순례객들과 함께 그늘에 앉아 있었던 적이 있다. 나는 순례자들의 모습을 한번은 측면에서, 한번은 정면에서 관찰하였다. 그중에서 '아름답다'고 할 만한 사람은 한 명도 없었다. 그들은 말 그대로 '힘들고 무거운 짐을 진 사람들' (마태복음, 11, 28)이었다. 얼굴을 쳐다보면 누구나 할 것 없이 근심으로 가득 차 있었다. 그들은 우뚝 서 있는 하얀 옷차림의 여인을 수줍게 바라보며 간구하였다. 1858년 2월 11일 루르드 부근에서 베르나데트 수비루(Bernadette Soubirous) (1844-1879)라는 소녀가 이 입상과 같은 모습의 성모님을 보았다. 아기 예수를 잉태한 성모님의 나이는 '아름다운 성모'의 발현을 경험한 14살의 베르나데트보다 더 많지 않았을 것이다.

나는 과거에도 여기에 온 적이 있었는데, 그때는 가톨릭 신자가 아니었다. 그래서인지 인도 사원을 방문한 관광객처럼 이곳이 낯설기만 했다. 여기에 있는 많은 것들이 내 안의 지성을 부정하려고 했다. 예컨대 연출된 것, 키치 그리고 당시 정치적인 성격이 농후했던 '무염수태'의 도그마 등이 그랬다. 다시 나는 순례자들을 쳐다보았다. 성직자들은 이렇게 매일 사람들을 만나고 고해성사를 통해 그들의 고통을 경험할 것이다. 내가 그 상황에서 무슨 생각을 했건 그들은 진정한 고뇌 속에 있었다. 그들의 소망은 상징적으로 성모상과 그리고 성녀로 시성된 방앗간 집 딸의 하얀 대리석 입상을 향했다. 성모님의 아름다움은 그들에게 중요한 메시지였다. 나는 이 장면을 보는 순간 충격을 받았고 나의 교만을 부끄러워했다. 이런 장소는 기독교뿐 아니라 다른 종교에도 수없이 많다. 그 뒤에 숨겨진 것을 받아들이면 이 모든 키치는 존경의 대상이 된다.

내가 지금 여러분을 이상한 길로 안내하고 있다는 것을 잘 안다. 이 주제와 관련하여 여러분은 다른 장소나 더 숭고한 대상을 기대했을 것이다. 하지만 조금만 더 경청해 주기 바란다. 존경하는 독자 여러분, 나는 과격한(근본을 따지는) 생각의 실험에 여러분을 초대하려고 한다. '미'를 남용하는 일은 모두 잊어버리자. 미에 관한 논의가 우선적인 과제이니 잠시 잊도록 하자. 그리고 우리 머리 안에 들어 있는 허접한 교양의 쓰레기를 치워 버리자. 하지만 조심스럽게 해야 한다. 왜냐하면 거기에는 인류의 소중한 자산이 남아 있기 때문이다. 한때 학자들이 주장한 미학의 문제는 염두에 두지 말기 바란다. 잠시만 그렇게 하자. 왜냐하면 그 보물 창고에서 우리는 여전히 많은 것들을 발견할 수 있기 때문이다.

이제 질문을 던져 보자. 역사적, 사회적, 문화적, 경제적 조건을 고려하지 않는다면 무엇이 남을까? 나는 모든 사람의 마음 속에 있는 완전함에 대한 무한한 동경이 남을거라고 생각한다. 그에 대한 일말의 동경과 그것을 향한 시각은 아름다운 일이다. 동경, 소망, 꿈 외에 또 다른 것이 없을까? 우리의 삶을 조정하는 듯한 목적에서 조금 벗어난 일상 문화는 이러한 동경에서 생긴다. 우리는 이러한 꿈 때문에 자연과 예술 안의 사물들에 감탄한다. 이것들은 더 완전한 세계에 대한 기억으로 나타난다. 이 소망들 때문에 우리는 사랑을 구현한 사람들을 주시하게 된다. 우리는 그들의 사랑 안에서 아름다움의 광채를 볼 수 있다. 유태교와 기독교의 전통은 이를 두고 신을 닮았다고 말한다. (창세기 1, 27)

성경에 "생육하고 번성하여 땅에 충만하라"(창세기 1, 28)는 구절이 있다. 이 명령은 자식을 낳아 대를 잇는 것보다 더 큰 의미로 이해될 수 있다. 이것은 단순한 종족보존의 수준을 넘어설 때 비로소 의미를 갖게 된다. 모든 사람은 크고 작은 창작 활동을 하면서 자기가 가지고 있는 수단으로 이 '보통 수준 이상의 것(Mehr)'을 구체화하려고 노력한다. 우리는 아름다운 그림을 소유할 필요가 없다. 벽에 붙은 복제 그림만으로도 충분하다. 그렇게 한다고 이 세상의 고통과 추함이 줄어들지 않는다. 심지어 이것들은 원래보다 더 끔찍하게 선의 부재와 부당함으로 나타난다. 그러나 가치의 존재를 믿는 한 그것들의 영향력은 제한적이다.

제4부

결론

우리는 세계의 보편적 '질서'를 더 이상 확립할 수 없다. 많은 사람들은 우리가 너무 많은 자유를 누리고 있다고 생각한다. 그래서 그들은 무엇이 문제인지 권위 있게 말해줄 수 있는 강력한 인물을 동경한다. 미의 개념을 근본적으로 살펴보면 그것은 자유와 소통의 생생한 긴장 관계 속에 있다. 그리고 여기서 생동적인 질서가 생기는데, 이것은 한편으로는 관련된 사람들의 감정에서 비롯되지만, 다른 한편으로는 이상을 지향한다. 그런데 이 이상은 실정법이나 율법의 추상적인 내용이 아니라, 사람들의 가치 있는 관계 속에서 발전한다. 모든 행동이 그렇듯이 인간은 교육을 통해 잠재된 가능성을 풍요롭고 심오하게 확대해 나갈 수 있다.

감탄과 기쁨은 놀랍게도 훌륭한 예술을 통해 더 배가 될 수 있다. 그러나 새로운 체험을 매번 평가하면 이런 감정은 생기지 않는다. 물론 정의 내릴 수 있는 권력을 가진 사람은 예외일 수 있다. 미는 자신의 고유한 방식으로 존재에 대해 평가한다. 타인이 정의한 가치공동체의 구성원이 되려는 사람은 유아기의 언어를 상실하게 되며 (비유적으로 표현한 말이지만 실제로 일어나는 일이다), 자기도 모르게 빈약한 존재가 된다. 그런데 나에게 이것을 말해준 사람은 꽤 저명한 학자이다. 이 말을 하지 않았더라면 그는 그냥 철학자로 남았을 것이다(si tacuisses).

학교와 대학이 역사와 삶의 환경을 교육하지 않고, 특정한 능력만 강요함으로써 지평이 제한되면 역설이 발생한다. 내 경험에 의하면 '학교 교육을 받으면' 어린이는 원래 갖고 있던 창조적인 자유를 상실한다. 알파벳 철자를 익히면 아이들은 더 이상 아름다운 그림을 그리지 못한다. 그런데 내가 경험한 사실이 하나 더 있다. 아이들은 진지하게만 생각하면 아무리 복잡한 주제라도 그것에 열광한다. 그래서 나는 미적 교육이 다음과 같이 이루어지기를 기대한다.

미적 교육은 창의적인 능력을 제공하면서 청소년들의 발전 가능성을 확장시켜야 한다. 물론 낯선 기준에 따라 과제를 수행하는 사람으로 만들어서는 안 된다.

오늘날 우리는 창의성을 좀 더 쉽게 장려할 수 있다. 사람들이 매우 부정적으로 생각하는 컴퓨터에도 창의적인 잠재력이 들어 있다. 그것의 프로그램은 도구가 될 수 있고 즐거움도 줄 수 있다. 웃음은 학교 수업의 목표가 되어야 한다. 언젠가 반 학생 전체가 시를 쓴 적이 있다. 그런데 다들 부끄러워했다. 왜냐하면 자기의 시가 그다지 아름답지 않다고 생각했기 때문이다. 음악은 꼭 어렵게 만들어야 하는가? 오르프 접근법(Orffs Schulwerk)*은 도대체 어디에 있는가? 자기 자신을 표현하는 것이 도움이 된다고 믿는 사람은 놀랍게도 많은 것을 배울 수 있다.

* 독일 작곡가 카를 오르프(1895-1982)가 개발한 음악 교육법, 기본적인 것을 익힌 다음 점차 학습 대상을 확대해가며 복잡하고 어려운 요소를 이해해나가는 방법

청소년들은 여러 사실과 대상을 통해 배운다. 하지만 살아가면서 동일한 것을 다시 만나는 경우는 없다. 미적 교육은 이 점에 유념해야 한다. 그들은 다 만들어진 것을 실행하는 것이 아니라 배움을 배워야 한다.

많은 이들은 교육(Bildung)과 직업교육을 혼동한다. 많은 사람들은 교육을 직업교육으로 축소하는 위험한 시도에 현혹되었다. 히틀러는 의도적으로 이 잘못된 추론을 강령으로 내세웠다.[37] 그는 여러 외국어를 배우는 것에도 반대했다. 물론 창의성도 논의의 대상이 아니었다. 특정 모델의 자동차로 기술을 익힌 정비사는 나중에 올드타이머(구식자동차) 전시장에서만 그 모델을 다시 만나게 될 것이다. 이유(왜)와 목적(무엇을 위해)을 알게 되면 '능력(할 수 있다)'에 대한 요구는 대부분 저절로 생기기 마련이다.

미적 교육은 창의적인 자기형성이 가능할 수 있게 신체 능력을 신장시켜야 한다.

과거에 높이 평가됐던 '신체 단련'은 건강-이데올로기로 대체되었다. 이것은 '목적이 분명한' 미의 강요로 이어질 수 있다. 이 목적은 파시즘에서는 모성과 전쟁이었지만, 오늘날 그것은 자본주의 체제의 수월한 작동이다. 춤과 게임이 부차적인 것이 되어서는 안 된다. 모든 학생은 자신의 몸으로 표현할 수 있는 능력을 가지고 있다. 그것이 흥미를 유발한다면 더 장려해야 한다. 우리는 젊은이들이 스케이트보드를 타고 놀도록 그냥 놔두면 된다.

사람들은 늘 다음과 같이 말을 한다. "네가 어른이 되면, 네가 나이를 먹으면, 네가 졸업하면, 네가 돈이 있으면, 그러면 …을 할 수 있다." 미적 교육은 그런 지적을 하는 대신 형성적인 의견과 반대 의견을 모두 유효한 것으로 진지하게 받아들여야 한다.
나비 애벌레가 더 중요한가? 아니면 나비 성충이 더 중요한가? 많은 생물은 성충보다는 애벌레로 보내는 시간이 더 길다. 애벌레도 아름다울 수 있다. 나비는 오직 번식만 한다는 사실이 놀랍지 않은가?

미적 교육은 가능한 타자와 낯선 것을 자주 경험하게 해준다. 이를 통해 사람들은 자기가 구성해낸 현실이 특별한 것이라는 것을 인식하고, 동시에 그것을 상대화하거나 혹은 관계 속에서 이해하게 된다. 그러면 새로운 감탄과 기쁨을 얻을 수 있다.
이런 점에서 우리의 수업 교재는 모두 폐기될 수 있다. 우리는 늘 '통합'을 말하지만 실제로 그것은 적응을 뜻한다. 보헤미아 지방에서 이민 온 요리사들이 너무 빨리 사회에 통합되고 적응했다면 빈의 음식은 어떻게 됐을까? 이 요리사들은 고객을 찾았지만, 이민자들이 가지고 온 문화적 다양성에 대해 관심을 갖는 사람은 오늘날 거의 없다.

예술에서는 늘 '언어'의 확장이 이루어지고 새로운 관점이 제시된다. 새로운 미의 관념도 물론 이 새로운 관점의 경험 형식 속에서 발전한다. 인상주의와 표현주의는 한때 추하고 '퇴폐적(entartet)'이었으며 배격해야 할 대상이었다. 누가 과연 이 사실을 기억하고 있을까?

클레(Paul Klee)*는 "예술은 볼 수 있는 것을 재현하는 것이 아니라 볼 수 없는 것을 볼 수 있게 만드는 것이다."라고 말했다.[38] 이 말을 약간 변형하면 미는 만드는 것이 아니라, 보이게 만드는 것이다. 이것은 누구나 다 할 수 있다. 어떤 사람은 오직 소수 집단의 관심을 끌지만, 어떤 사람은 많은 사람에게 영향을 미친다. 양쪽 다 우리를 행복하게 만들 수 있다. 여러 면에서 우리는 아름다움을 가지고 유혹할 수 있다.

설명할 수 없는 것은 끝에 오기 마련이다. 무지개는 왜 아름다울까? 비밀을 간직하고 있어서 그럴까? 우리는 무지개가 물리학적으로 어떻게 만들어지는지 학교에서 이미 다 배웠다. 하지만 무지개는 금이 가득 찬 항아리 이야기를 상기시킨다. 무지개는 아름답다. 왜 그렇게 아름다운지 나는 자세히 알고 싶지 않다. 무지개가 아름다운 것은 세상에 모든 그림을 일곱 가지 색으로 그릴 수 있기 때문이 아닐까?

* 독일, 스위스 화가, 현대 추상화의 시조, 청기사파, 1879-1940

우리는 지금 횔더린(Friedrich Hölderlin)의* 시를 이해할 만큼 성숙해 있을까?(미의 찬가 Hymne an die Schönheit)[39]

자유로운 영혼은 벌써
더 순수한 열광을 마신다.
내 삶의 고통을
새로운 기쁨이 삼키었다.
밤과 구름은 사라져버렸다.
끔찍한 법정에서
여러 세계의 기둥이 부러질 때
사랑은 전율하지 않는다,
사랑과 신들의 위대함이
그것의 모습을 말하는 여기서는.

고귀하고 달콤한 마술사여
너는 지상으로 내려왔구나.
아. 먼지가 다시 일어나고
낡은 사지의 고통이
내 앞에서 펄쩍 뛴다.
사랑의 눈길을 받고

* 독일의 대표적인 시인이자 현대시의 선구자, 1770-1843

원한과 반목은 서로

형제처럼 비비고 입맞춤을 한다.

환하게 열린 하늘처럼

광기와 혼란은 너에게 인사한다.

원주

1 Augustinus, Gottesstaat XV 22.

2 Sehr gute Abbildungen bei http://tethys.imareal.sbg.ac.at/realonline/ unter Standorte St. Wolfgang.

3 Augustinus, Bekenntnisse X 8, 509.

4 Text z. B. unter http://www.bergnews.com/service/petrarca-mont-ventoux/petrarca-mont-ventoux.php.

5 Walther von der Vogelweide, L 39, 11 und 20, 122 f.

6 Text z. B. unter http://www.textlog.de/tucholsky-danach.html.

7 Ovid, Liebeskunst III 662, 153.

8 Kant, Kritik der Urteilskraft, 1. Theil, Kritik der ästhetischen Urteils-kraft, §8, http://gutenberg.spiegel.de/buch/kritik-der-urteilskraft-3507/16.

9 Müller, Mein Vaterland 74-80.

10 Mittelalterliche Lyrik Frankreichs II 13.

11 Carmina Burana Nr. 145a, 470, und in: Des Minnesangs Frühling I 9, 21.

12 Mechthild, Das fließende Licht der Gottheit VII 40, 610 f.

13 Gottfried von Straßburg, Tristan v. 11831 ff., II 118.

14 Walther von der Vogelweide, L 53, 25- 54, 17, 116-120.

15 Chrétien von Troyes, Cligès, v. 2761-2782, 166.

16 Weber, Aufsätze zur Wissenschaftslehre 191, 1904.

17 Brief Gustav Mahlers an Alma Schindler vom 19. Dezember 1901, http://de.wikipedia.org/wiki/Alma_Mahler-Werfel#Die_Begegnung_mit_

Mahler.

18 Abbildung http://www.wallraf.museum/2014/2014-03-liebermann/bilder/.

19 Beda der Ehrwürdige, Kirchengeschichte I 1, 26-28.

20 Horaz, Epoden 2, 1-4, 238.

21 Text http://www.woerlitz-information.de/woerlitz-de/ho/ho_lp.php.

22 Aus der Todesfuge von Paul Celan, erstmals erschienen 1948, Text z. B. http://www.celan-projekt.de.

23 Kirsch, Gedichte (Zaubersprüche) 81.

24 Letztes Lied der „Winterreise' von Franz Schubert (1827, ein Jahr vor seinem Tod), Text von Wilhelm Müller, z. B. auf http://de.wikisource.org/wiki/Die_Winterreise_(Müller)#24.

25 Christian Morgenstern, † 1914, Galgenlieder, Der ästhetische Wiesel, Text u. a. http://gutenberg.spiegel.de/buch/alle-galgenlieder-5792/3.

26 Müller, Mein Vaterland 49.

27 Adolf Hitler, Mein Kampf, entstanden in Landsberg 1924, S. 453.

28 Wittgenstein, Tractatus logico-philosophicus 6.54, 83.

29 Gautier de Coinci (Benediktiner, † 1236), in: Mittelalterliche Lyrik Frankreichs II, XXIV, Str. 2, 114.

30 Peter Huchel († 1981), Mittag, in: Chausseen, Chausseen.

31 Kuschey, Ausnahme 2, 588.

32 Hinweis von Johannes Leopold Mayer aufgrund eines Gesprächs mit Otto Biba.

33 Erschienen bei EMI 1989.

34 Gottfried Wilhelm Leibniz an Nicolas-François Rémond, 26. 8. 1714, zitiert nach Erich Heintel, Labyrinthe V.

35 Ovid, Liebeskunst I 509, 38.

36 Friedrich Schiller, Briefe über die ästhetische Erziehung des Menschen, 21. Brief, Text z. B. http://gutenberg.spiegel.de/buch/-3341/22.

37 Hitler, Mein Kampf, wie Anm. 27, 464-466, Grundsätze für die wissenschaftliche Schulung.

38 Fleck, Kunst 130.

39 Hölderlin, Hymne an die Schönheit (1791), Text z. B. http:// www.textlog.de/17763.html.

참고문헌

이것은 엄밀한 의미의 참고문헌이 아니다. 제대로 된 서지라면 여러 권의 책이 될 수 있다. 여기에 언급한 책은 내가 최근에 연구한 것들로서 알게 모르게 본서의 내용이 되었다. 인용한 문학 작품은 인터넷을 통해 쉽게 찾아볼 수 있다. 다른 텍스트의 경우 학술적인 판본 대신 쉽게 구할 수 있는 판본을 사용하였음을 알려둔다.

FRIEDRICH ACHLEITNER, *Österreichische Architektur im 20. Jahrhundert*, Bd. 1: Oberösterreich, Salzburg, Tirol, Vorarlberg (Salzburg 1980).

FRIEDRICH ACHLEITNER, *H. C. Artmann und Gerhard Rühm, Hosn, rosn, baa* (Wien 1959).

AUGUSTINUS AURELIUS, *Vom Gottesstaat (De civitate Dei)*, aus dem Lat. übertragen von Wilhelm THIMME (2 Bde., dtv Klassik 2160, München 21985).

AUGUSTINUS, *Bekenntnisse*, Zweisprachige Ausgabe, aus dem Lat. von JOSEPH BERNHART (it 1002, Frankfurt 1987).

BEDA VENERABILIS, *Beda der Ehrwürdige, Kirchengeschichte des eng-lischen Volkes*, hg. und übers. von Günter SPITZBART (Darmstadt 1997).

KARL BRUNNER, *Kleine Kulturgeschichte des Mittelalters* (München 2012).

KARL BRUNNER, *Umgang mit Geschichte.* Gesammelte Aufsätze zu Wis-sen-schaftstheorie, Kultur- und Umweltgeschichte (Mitteilungen des Insti-tuts für Österreichische Geschichtsforschung Ergänzungsband 54, 2009).

Carmina Burana, Die Lieder der Benedikbeurer Handschrift, übers. von

CARL FISCHER und HUGO VON KUHN (dtv 2063, München 51991).

CHRĖTIEN DE TROYES, *Cligès,* hg. und übers. von INGRID KASTEN (Ber-lin/New York 2006).

Des Minnesangs Frühling, hg. von HUGO MOSER und HELMUT TERVOREN (Stuttgart 381988).

UMBERTO ECO, *Kunst und Schönheit im Mittelalter* (Darmstadt 2002).

ROBERT FLECK, *Was kann Kunst* (Wien-Hamburg 2014).

GOTTFRIED VON STRASSBURG, *Tristan,* hg. und übers. von FRIEDRICH

KROHN (2 Bde. Reclam 4471 f., Stuttgart 61993).

ERICH HEINTEL, *Die beiden Labyrinthe der Philosophie 1* (Wien/Mün-chen 1968).

HORAZ, QUINTUS HORATIUS FLACCUS, *Oden und Epoden,* übers. und hg. von Bernhard KYTZLER (Reclam 9905, Stuttgart 61981).

WILHELM HORNBOSTEL und NILS JOCKEL, *Nackt. Die Ästhetik der Blöße* (München-London-New York 2002).

PETER HUCHEL, *Chausseen Chausseen,* Gedichte (Frankfurt 1963).

IMMANUEL KANT, *Kritik der Urteilskraft* (Reclam 1026, Stuttgart 1963).

SARAH KIRSCH, *Sämtliche Gedichte* (München 2005).

EVELIN E. KLEIN, *Einführung in die Ästhetik. Eine philosophische Collage* (2Fankfurt 2014).

BERNHARD KUSCHEY, *Die Ausnahme des Überlebens. Ernst und Hilde* Federn. Eine biographische Studie und eine Analyse der Binnenstruktu *ren des Konzentrationslagers* (Gießen 2003).

KONRAD PAUL LIESSMANN, *Schönheit* (Wien 2009).

JOHHANES LEOPOLD MAYER, *Wozu Musik? Gedanken und Erwägungen über Notwendigkeit und Brauchbarkeit* (Wien-Hamburg 2014).

MECHTHILD VON MAGDEBURG, *Das fließende Licht der Gottheit,* hg. und übers. von GIESELA VOLLMANN-PROFE (Berlin 2010).

Mittelalterliche Lyrik Frankreichs, ausgew. und übers. von Dietmar RIE-GER (2

Bde. Reclam 7620 und 7943, Stuttgart 1980 und 1983).

HERTA MÜLLER, *Mein Vaterland war ein Apfelkern. Ein Gespräch* (Mün-chen 2014).

OVID, PUBLIUS OVIDIUS NASO, *Ars amatoria, Liebeskunst,* übers. und hg. von MICHAEL VON ALBRECHT (Reclam 357, Stuttgart 1995).

Schloss Runkelstein. Die Bilderburg (Katalog Gesamtleitung André Bechtold, Bozen 2000).

NOBERT SCHNEIDER, *Geschichte der Landschaftsmalerei. Vom Spätmit-telalter bis zur Romantik* (Darmstadt 1999).

RAOUL SCHROTT, *Die Erfindung der Poesie. Gedichte aus den ersten vier-tausend Jahren* (Frankfurt 1997).

WALTER VON DER VOGELWEIDE, *Sämtliche Lieder,* hg. und übers. von FRIED-RICH MAURER (utb 167, München 1972).

MAX WEBER, *Gesammelte Aufsätze zur Wissenschaftslehre,* hg. JOHANNES WINCKELMANN (utb 1492, Tübingen 1988).

VERENA WINIWARTER und HANS-RUDOLF BORK, *Geschichte unserer Umwelt. Sechzig Reisen durch die Zeit* (Darmstadt 2014).

LUDWIG WITTGENSTEIN, *Tractatus logico-philosophicus,* in: Schriften 1 (Frankfurt 1969) 11-83.

이미지 자료 출처

Abb. 1: Apfel © Archiv Stift Admont

Abb. 2: Max Beckmann © VG Bild-Kunst. akg-images

Abb. 3: Paul Cézanne © TopicMedia / Silvestris

Abb. 4: Vincent van Gogh © akg-images / André Held

Abb. 5: Mediceische Venus © The Art Archive, Galleria degli Uffizi Florence,Alfredo Dagli Orti, images.de

Abb. 6: William M. Thackeray © TopicMedia / Silvestris

Abb. 7: Triumph der Venus © Wikimedia Commons / Paris, Louvre RF 2089

Abb. 8: Tizian © TopicMedia / Silvestris / DTCL

Abb. 9: Francesca Woodman, Untitled. Providence, Rhode Island, 1976/2002, Schwarz-Weiß-Silbergelatineabzug auf Barytpapier © George and Betty Woodman, New York / SAMMLUNG VERBUND, Wien

Abb. 10: Spieglein, Spieglein © Nicolas Mahler

Abb. 11: Jacob van Ruisdael © TopicMedia / Silvestris

Abb. 12: Waldbild © Karl Brunner

Abb. 13: San Vitale in Ravenna © Joachim Schäfer, Ökumenisches Heiligen-lexikon, www.heiligenlexikon.de

Abb. 14: Albrecht Dürer © TopicMedia / Silvestris

Abb. 15: Max Weiler © museum moderner kunst stiftung ludwig wien, Leihgabe der Artothek des Bundes

Abb. 16: El Lissitzkys © TopicMedia / Silvestris / DTCL

Abb. 17: Berliner Illustrierte Zeitung © TopicMedia / Silvestris / DTCL

미란 무엇인가

미와 순간에 대한 단상

초판 인쇄	2022년 8월 23일
초판 발행	2022년 8월 30일
지은이	카를 브루너
옮긴이	라영균
발행인	고윤성
기획	신선호 박경민
편집장	장혜정
도서편집	노재은 변다은
디자인	정정은 김대욱 변혜준 최재영
인사행정	이근영
재무회계	김문규 정예찬
전자책·사전	변다은
발행처	한국외국어대학교 지식출판콘텐츠원 02450 서울특별시 동대문구 이문로 107 전화 02)2173-2494~7 FAX 02)2173-3363 홈페이지 http://press.hufs.ac.kr 전자우편 press@hufs.ac.kr 출판등록 제6-6호(1969. 4. 30)
인쇄·제본	(주)트윈벨미디어 02)2088-1810

ISBN 979-11-5901-908-1 [93160]　　　　정가: 13,000원

HUEBOOKs는 한국외국어대학교 지식출판콘텐츠원의 인문학도서 Sub Brand이다. 한국외대의 영문명인 HUFS, 사람을 위하는 Humanism, 교육의 Education, 색조의 Hue의 다의적인 뜻으로 해석할 수 있으며, 인문학도서 출판에 대한 의지가 담겨있다.